PSICOGENEALOGIA

Um novo olhar na transmissão da memória familiar

Editora Appris Ltda.
2.ª Edição - Copyright© 2024 da autora
Direitos de Edição Reservados à Editora Appris Ltda.

Nenhuma parte desta obra poderá ser utilizada indevidamente, sem estar de acordo com a Lei nº 9.610/98. Se incorreções forem encontradas, serão de exclusiva responsabilidade de seus organizadores. Foi realizado o Depósito Legal na Fundação Biblioteca Nacional, de acordo com as Leis nᵒˢ 10.994, de 14/12/2004, e 12.192, de 14/01/2010.

Catalogação na Fonte
Elaborado por: Josefina A. S. Guedes
Bibliotecária CRB 9/870

J966p 2024	Justino, Monica da Silva Psicogenealogia: um novo olhar na transmissão da memória familiar / Monica da Silva Justino. – 2. ed. – Curitiba: Appris, 2024. 117 p. : il. ; 21 cm. Inclui referências. ISBN 978-65-250-6448-2 1. Psciologia. 2. Genealogia. 3. DNA. 4. Psicologia experimental. I. Justino, Monica da Silva. II. Título. CDD – 150

Livro de acordo com a normalização técnica da ABNT

Appris editora

Editora e Livraria Appris Ltda.
Av. Manoel Ribas, 2265 – Mercês
Curitiba/PR – CEP: 80810-002
Tel. (41) 3156 - 4731
www.editoraappris.com.br

Printed in Brazil
Impresso no Brasil

Monica da Silva Justino

PSICOGENEALOGIA

Um novo olhar na transmissão da memória familiar

Appris
editora

Curitiba - PR
2024

FICHA TÉCNICA

EDITORIAL
Augusto Coelho
Sara C. de Andrade Coelho

COMITÊ EDITORIAL
Ana El Achkar (Universo/RJ)
Andréa Barbosa Gouveia (UFPR)
Antonio Evangelista de Souza Netto (PUC-SP)
Belinda Cunha (UFPB)
Délton Winter de Carvalho (FMP)
Edson da Silva (UFVJM)
Eliete Correia dos Santos (UEPB)
Erineu Foerste (UFES)
Erineu Foerste (Ufes)
Fabiano Santos (UERJ-IESP)
Francinete Fernandes de Sousa (UEPB)
Francisco Carlos Duarte (PUCPR)
Francisco de Assis (Fiam-Faam-SP-Brasil)
Gláucia Figueiredo (UNIPAMPA/ UDELAR)
Jacques de Lima Ferreira (UNOESC)
Jean Carlos Gonçalves (UFPR)
José Wálter Nunes (UnB)

Junia de Vilhena (PUC-RIO)
Lucas Mesquita (UNILA)
Márcia Gonçalves (Unitau)
Maria Aparecida Barbosa (USP)
Maria Margarida de Andrade (Umack)
Marilda A. Behrens (PUCPR)
Marília Andrade Torales Campos (UFPR)
Marli Caetano
Patrícia L. Torres (PUCPR)
Paula Costa Mosca Macedo (UNIFESP)
Ramon Blanco (UNILA)
Roberta Ecleide Kelly (NEPE)
Roque Ismael da Costa Güllich (UFFS)
Sergio Gomes (UFRJ)
Tiago Gagliano Pinto Alberto (PUCPR)
Toni Reis (UP)
Valdomiro de Oliveira (UFPR)

SUPERVISOR DA PRODUÇÃO
Renata Cristina Lopes Miccelli

REVISÃO
Amanda Arruda Veno

DIAGRAMAÇÃO
Ana Beatriz Fonseca

CAPA
Tarliny da Silva

REVISÃO DE PROVA
Renata Cristina Lopes Miccelli

Aos meus filhos, Guilherme e Julia,
por transformarem e perpetuarem a herança que receberam.

AGRADECIMENTOS

Diz o ditado que o homem deve plantar uma árvore, ter um filho e escrever um livro... Missão cumprida!

É claro que para executar tudo isso não estive sozinha. Em todos os momentos fui beneficiada por maravilhosas companhias que foram imprescindíveis na atenção, apoio e carinho para tudo isso acontecer. Meus sinceros agradecimentos a todos que se fizeram presentes em todas essas tarefas da minha vida!

De coração, aos integrantes dos grupos de estudo da psicogenealogia, por partilharem suas mais valiosas histórias.

Muito obrigada, professor Geraldo Kindermann, que, sem me conhecer, deu-me dicas para a construção deste livro durante o trajeto de ônibus de Curitiba para Florianópolis.

Aos amigos do curso de formação em Psicogenealogia da AIP (2006-2008), em Lyon, meu agradecimento pela atenção, amizade e incentivo em todos os encontros ao longo do curso.

Gratidão à Jaqueline Cássia de Oliveira, pela partilha de conhecimentos e apresentação deste livro.

À Marie-Noëlle Maston, pela gentileza ao prefaciar este livro e, sobretudo, pelo carinho, amizade e a ousadia ao apoiar a divulgação da psicogenealogia no Brasil!

Ser feliz não é ter uma vida perfeita,
mas deixar de ser vítima dos problemas e
se tornar o autor da própria história.

(Abraham Lincoln)

APRESENTAÇÃO

Recebo com alegria o honroso convite para apresentar esta obra, e pude, antes do público leitor, saborear o conteúdo escrito.

Este livro que lhes apresento, *Psicogenealogia: um novo olhar na transmissão da memória familiar*, da colega psicóloga Monica da Silva Justino, é o primeiro livro escrito no Brasil sobre os estudos da psicogenealogia. Como senti falta desse material em língua portuguesa no início dos meus estudos sobre o tema!

Neste livro, a autora nos convida a conhecer e experimentar a fascinante abordagem transgeracional e, com entusiasmo, planta mais esta semente em solo brasileiro. Tenho certeza de que irá gerar bons frutos e será a possibilidade de mais estudiosos e profissionais ampliarem, além de conhecimentos teóricos sobre o tema proposto, a consciência da própria memória familiar.

Convido a todos, psicólogos, terapeutas familiares, consteladores sistêmicos e o público em geral, a conhecerem estes estudos do genograma familiar (em psicogenealogia denominado genossociograma) e mergulharem, junto com a autora, nas águas profundas do inconsciente familiar.

Gratidão, Monica, pela companhia no plantio da psicogenealogia em solo brasileiro!

Jaqueline Cássia de Oliveira
*Psicoterapeuta Sistêmica
e estudiosa da Psicogenealogia.*

PREFÁCIO

Sinto-me feliz e honrada de prefaciar o livro de Monica Justino sobre a psicogenealogia. Finalmente uma obra brasileira sobre a psicogenealogia! Monica Justino foi uma pioneira praticando essa abordagem no Brasil. Durante as oficinas de psicogenealogia que nós facilitamos juntas em Santa Catarina, senti a falta da abordagem brasileira.

Mesmo que a psicogenealogia criada na França por Anne Ancelin Schützenberger seja provavelmente universal, as diferenças culturais e históricas exigem uma abordagem específica conforme o país. Por exemplo, a França é muito mais marcada que o Brasil pelas duas guerras mundiais, enquanto que ela não é tão afetada pelas diferenças regionais tão acentuadas num país tão extenso, ou ainda pela história colonial, a escravidão ou a imigração em massa.

Então, obrigada à Monica Justino por transmitir essa preciosa ferramenta que é a psicogenealogia.

Eu desejo que, por meio deste livro, a psicogenealogia seja transmitida a numerosos psicoterapeutas de língua portuguesa e, sobretudo, que os pacientes vejam o campo de compreensão e resolução das suas problemáticas ampliarem-se e aprofundarem-se pelo conhecimento de suas histórias de família e das lealdades invisíveis que eles poderão escapar.

Desejo grande sucesso a este livro!

Boa leitura!

Nice, setembro 2016
Marie-Noëlle Maston[1]
Psicóloga e Psicoterapeuta.

---

[1] Autora de: 1.*Je ne dors pas et pourtant j'ai tout essayé – Les causes inconscientes des troubles du sommeil. Editeur: Albin Michel, 2014.*; 2.*Les fondations de l'être : conception, naissance, première année : le projet-sens, une période décisive pour la vie . Editeur: Quintessence, 2008.*; 3.*Psychogénéalogie, relation à l'argent et réussite: dépasser les blocages transgénérationnels pour mieux vivre sa vie. Editeur: Quintessence, 2006.*

NOTA DA AUTORA

A primeira vez que ouvi falar de psicogenealogia foi em 2006, por uma colega de profissão – amiga – que dividiu comigo muitas horas de estudo durante o curso de psicologia nos anos de 1989 a 1991 na Université de Haute Bretagne (Rennes II, França).

Os comentários dela sobre a nova abordagem despertaram meu interesse e me fizeram buscar mais informações sobre o assunto. Além disso, naquele mesmo ano eu tive a oportunidade de retornar à França e pude observar a grande quantidade de livros sobre esse tema nas livrarias.

Esses fatores estimularam minha curiosidade e me motivaram a estudar a psicogenealogia. Assim, iniciei um curso de formação, certificado pela Associação Internacional de Psicogenealogia (AIP), na cidade de Lyon. Muita leitura e muitos fins de semana no *Château de la Bachasse*!

Apaixonei-me pela psicogenealogia, que aos poucos se revelou complexa e despertou meu interesse em trazê-la para o Brasil. Mas como divulgar algo desconhecido e, ainda, sem referências na literatura brasileira? Um desafio!

A falta de bibliografia sobre o assunto me fez pensar em escrever um livro para divulgar o tema. Entretanto, eu pensava: "quem comprará um livro sobre um assunto que ninguém conhece?"

Porém, a ideia de disseminar a riqueza desse estudo continuava forte. Durante o curso de formação, eu percebi o quanto esse conhecimento era valioso e poderia contribuir nos processos terapêuticos e, sem dúvida, ajudar as pessoas a se conhecerem mais.

A psicogenealogia reúne o conhecimento de outras abordagens e traz um novo olhar sobre as histórias familiares. Uma

forma diferenciada de compreender e interpretar comportamentos e situações que repetimos no decorrer da nossa existência.

Assim, espero que este livro possa apresentar a psicogenealogia a você e que esse conhecimento possa lhe ser útil na compreensão do seu romance familiar.

SUMÁRIO

HISTÓRIA DE FAMÍLIA 19

CONTEXTUALIZANDO 23

CAPÍTULO I
APRESENTANDO 27

O que é a psicogenealogia? 29
Os fundamentos 29
O início... como tudo começou! 33
Para que serve a Psicogenealogia? A quem se destina? 36
Como funciona? 37
O desenvolvimento do processo – frequência 38
A principal ferramenta – o genossociograma 39
Símbolos para o genossociograma 44
Genossociograma e genograma 47

CAPÍTULO 2
AS CONTRIBUIÇÕES AO ESTUDO DA PSICOGENEALOGIA 51

Os modelos conceituais e suas contribuições ao estudo
da psicogenealogia 53
Anne Ancelin Schützenberger – "a mãe da psicogenealogia" 54
Alejandro Jodorowsky 58
Nicolas Abraham e Maria Török 61
Serge Tisseron 64
Iván-Böszörményi-Nagy 66
Didier Dumas 68
Vincent de Gaulejac 70
Chantal Rialland 73
Bert Hellinger 76

CAPÍTULO 3
CONCEITOS 79

Transgeracional 80
Síndrome de aniversário.....................................82
Lealdade familiar...84
Síndrome do Gisant..87

CAPÍTULO 4
DA FRANÇA AO BRASIL.. 93

O caminho da psicogenealogia e a psicogenealogia no Brasil 95

CAPÍTULO 5
CONTRA PONTO 101

As críticas...103

CAPÍTULO 6
TIRANDO DÚVIDAS 105

Para que serve fazer a psicogenealogia?..........................107
Quanto tempo dura este trabalho? 107
Eu não sei nada sobre minha família, ainda assim é possível fazer um trabalho com a árvore? Como fazer neste caso?.........................108
E quando a família não quer repassar as informações?....................109
No caso de filho adotivo, como é feita a árvore? 109
Como se dá o processo de cura? Quando sabemos que estamos curados?......110
As dificuldades e os problemas que temos são culpa dos nossos antepassados? 111
Ao identificar as repetições, eu paro de repetir? 111
A psicogenealogia é aceita pelo conselho de psicologia?.................112
Psicogenealogia é a mesma coisa que Constelação familiar? 112

REFERÊNCIAS... 115

HISTÓRIA DE FAMÍLIA[1]

E por falar em história familiar, aí vai um convite para você, leitor, de uma história real.

Quando criança, sempre perguntamos quem são nossos antepassados, nossos avós, bisavós, de onde vieram, como eram, o que faziam... enfim, muitos questionamentos para saber um pouco mais sobre a família que temos e a que clã pertencemos.

No entanto, quando temos um sobrenome muito comum as pesquisas não são lá muito animadoras, pois se chamar *da Silva* no Brasil não é nada raro e certamente em cada canto do país "temos um parente"! Assim, este lado da família nunca motivou muito as pesquisas genealógicas. Além desse fato, outro dado que dificultava ainda mais as buscas era o provável local de origem da família – o nordeste do Brasil! Como ter informações de uma família – *da Silva* – do nordeste do Brasil... É quase como tirar uma agulha do palheiro!

Muitos anos se passaram e nenhuma notícia desses parentes distantes, apenas poucas informações contadas na infância e o desejo de saber um pouco mais. E assim foi desde 1939 até 2006: relatos, boatos, procuras e nada!

Contudo, como nada é impossível e, como já dizia o velho Freud, "nada é por acaso", internet e Orkut contribuíram para desvendar esta história.

Encerrando o ano de 2006, depois de muitos contatos adicionados ao velho Orkut, um membro da família *da Silva Justino* se deparou com a foto de um jovem aspirante do exército brasileiro com um nome bem familiar, que logo chamou sua atenção para a "coincidência".

---

[1] Nesta história os nomes foram substituídos. Mantiveram-se apenas os sobrenomes.

O nome era apenas a inversão do nome do seu tio, irmão mais velho de sua mãe, finalizando por *Neto* ao invés de *Filho*. Lógico que diante de uma surpresa como esta ele não pôde perder a oportunidade de encaminhar uma mensagem. E assim foi feito! Mensagem encaminhada, expectativa de resposta e poucos dias depois, *Abelardo Francisco da Silva Neto* deu retorno!

"Sim, pode ser da mesma família! Mas quem pode dizer alguma coisa é meu pai, que também já esteve procurando pela família e não encontrou ninguém! Vamos colocar em contato sua mãe e meu pai para confirmar as informações".

Numa noite de novembro de 2006, o pai de Neto, *Abelardo Francisco da Silva Filho*, entrou em contato com *Ciça da Silva Justino* e, em poucas perguntas, os dois se deram conta de que estavam falando da mesma família. A emoção tomou conta das duas pontas do telefone, uma no sul do Brasil e outra no Nordeste. Entre risos e lágrimas, continuaram as perguntas e a enorme vontade de repassar a novidade para o restante da família.

Os primos combinaram então um encontro em janeiro 2007, na casa do tio, em São Luís do Maranhão. Os sentimentos de alegria se misturavam com a expectativa de conhecer a família tão sonhada e totalmente desconhecida. A única informação que *Ciça da Silva Justino* tinha era a de que a família de seu pai era do Maranhão e que o nome dela era uma homenagem às irmãs do pai.

Felizmente, nessa família e em muitas outras no nordeste do Brasil, os nomes se repetem de geração em geração. Os pais dão aos filhos seu mesmo nome e este aos seus filhos, e por aí vai. Este hábito, de certa forma, facilita a procura dos familiares, deixa marcado o clã e cria uma forma de identificação familiar.

Voltando à nossa história, é preciso, leitor, que você entenda por que estes familiares ficaram mais de sessenta anos sem notícias e sem se conhecer.

Tudo começou quando o primeiro filho do casal *J. B. Cordeiro* (pai) e *A. C. da Silva* (mãe) ingressou na Marinha, em São Luís do Maranhão, e veio para o Rio de Janeiro. Eis que na cidade maravilhosa este jovem militar, *Francisco Abelardo da Silva*, conheceu *M. Carolina R.*, e iniciou aí um romance que registrou a união em 11 julho de 1935, na presença de *J. B. Cordeiro*, o pai – conhecido como velho *Zé*. Ela, oitava filha da união de um português com uma descente de escrava alforriada, se uniu a *Francisco Abelardo da Silva*, descendente de português e holandês.

Em maio de 1936, o casal teve a primeira filha e, dois anos depois, o filho que iria herdar o nome do pai *Francisco Abelardo da Silva Filho*. O velho Zé morava em São Paulo, mas mantinha contato com o filho no Rio de Janeiro. Em 13 de outubro de 1939 nasceu *Ciça da Silva Justino*, terceira filha do casal. Nessa data, o marinheiro *Francisco Abelardo da Silva* estava preso no forte de Santa Cruz em Niterói (RJ), por considerarem que ele era contrário ao regime político da época.

Naquele ano, o mundo vivia um período tenso, pois iniciava a Segunda Guerra Mundial. O clima de tensão também presente no Brasil. Havia Getúlio Vargas no poder, muitas transformações sócio-políticas e, sobretudo, a caça aos comunistas.

Mantido sob tortura num lugar úmido, com os olhos vendados, rodeado de pingos de água dia e noite, *Francisco Abelardo da Silva* faleceu em 03 de dezembro de 1939, sem conhecer sua filha mais nova. Seu pai, o velho Zé, após ter visto o estado do filho na prisão e ter acompanhado sua morte, ficou decepcionado, retornou a São Paulo e depois regressou ao Maranhão. Tempos depois adoeceu e morreu de desgosto.

Antes de partir ao Nordeste, ele procurou pela esposa de seu filho, *M. Carolina da Silva*, mas a mesma tinha sido levada pelos irmãos, com os três filhos pequenos, para a fazenda de seu pai em Vera Cruz, no interior do Rio de Janeiro.

Essa situação interrompeu o contato com a família, e nove meses depois da morte de *Francisco Abelardo da Silva* a filha mais velha faleceu de sarampo, na idade de quatro anos.

Os dois filhos do casal cresceram com a curiosidade de conhecer a família do pai. Eles procuraram por pessoas com sobrenome de "*Abelardo*", buscaram informações com pessoas vindas do Maranhão, tentaram saber um pouco mais com os familiares do Rio, sem conseguir nenhuma informação certa.

Assim, foram necessários 67 anos para o reencontro, para resgatar toda a história da família e finalmente conhecer a tão esperada e sonhada família do Maranhão.

Ciça da Silva Justino e *F. A. da Silva Filho*, com 67 e 68 anos respectivamente, puderam conhecer sua família, descobrir e compreender um pouco mais o jeito de ser de cada um.

As semelhanças físicas logo colocaram em evidência a relação de parentesco. A personalidade autoritária do lado feminino também demarcou a herança familiar e, o mais importante, eles tinham uma família. E sem dúvida uma grande e linda família, cheia de histórias para contar, com muitas projeções, identificações e repetições, como em todas as famílias.

Relembrando a frase de Freud, "nada é por acaso", esse (re)encontro familiar, 67 anos depois, aconteceu exatamente no momento em que entrei em contato com a psicogenealogia na França.

Agora, após o relato dessa história familiar, vamos voltar à psicogenealogia e conhecer como ela começou, de onde se originou, quais suas influências e como ela pode ajudar no desenvolvimento pessoal.

CONTEXTUALIZANDO

Há muito a psicologia se propõe a compreender o indivíduo, seu comportamento, suas emoções e as variáveis à sua volta, por meio de pesquisas e investigações ligadas às mais diversas situações do cotidiano do indivíduo.

Originada da filosofia, ela se estabelece como ciência em 1879 com a fundação do laboratório de Psicologia Experimental em Leipizig, na Alemanha. Uma ciência nova com uma tarefa desafiadora: compreender o indivíduo.

A mudança de foco, antes na filosofia com a investigação da alma e depois dedicada ao estudo do comportamento, levou ao crescimento da psicologia enquanto ciência, e surgiram divergências de posturas, ideias e interpretações.

Longe de elucidar os questionamentos sobre as ações e reações do comportamento humano, seja na sua individualidade ou nas relações entre seus pares, ela ganhou espaço aos poucos entre as ciências tradicionais e se deparou com diferentes formas de compreender e interpretar o ser humano.

Abordagens como a psicanálise de Freud, com a descoberta do inconsciente, e seu dissidente Carl G. Jung, com o inconsciente coletivo; a Gestalt-terapia com a autorrealização; o psicodrama, com as representações dramáticas das vivências do indivíduo; a terapia sistêmica, voltada à compreensão do indivíduo no contexto familiar; e muitas outras abordagens fizeram expandir as fronteiras da psicologia e ampliar as possibilidades de compreensão do ser.

Nesse contexto diversificado emergiu a *psicogenealogia*, que se originou dos estudos e práticas clínicas da professora e psicóloga Anne Ancelin Schützenberger, nos anos 70, na França. Somente nos anos 90 esta abordagem ganhou força e se disseminou, com a publicação do livro *Aïe, Mês aïeux!*, em 1988, de Anne Ancelin.

Falar de psicogenealogia é falar ao mesmo tempo de psicologia e genealogia. A genealogia, na sua abordagem, coloca em evidência os membros da família por registros de datas e nomes. A psicologia, por sua vez, estuda o indivíduo, suas emoções, seu comportamento, suas relações, suas influências, os ditos e não ditos, o inconsciente e muito mais.

Unir psicologia e genealogia é um desafio inovador!

A psicogenealogia é uma "disciplina" que pretende compreender o indivíduo a partir da história familiar, da história de cada personagem da árvore genealógica e identificar de que forma eles podem influenciar as escolhas pessoais, os comportamentos, o jeito de ser de cada um.

Quem nunca se perguntou sobre suas origens e as histórias de seus antepassados? Quem nunca fez a árvore genealógica? Quem nunca imaginou sobre a vida dos seus antepassados? É, certamente, um tema apaixonante! Ir além do que nos é contado, entrar num campo desconhecido, às vezes escondido, velado, e em muitos momentos imaginado... Um campo de suposições que eleva nossa curiosidade!

Psicogenealogia é estudar a árvore genealógica, é tocar na história familiar. E falar de família nem sempre é fácil. Isto requer resgatar histórias familiares, tocar em assuntos que muitas vezes estão guardados "a sete chaves", em histórias não contadas, em segredos de família. É também tocar em temas como heranças, brigas familiares, mexer em crenças estabelecidas, em recordações de lutos, doenças, migrações, casamentos, festas, momentos de alegria e de tristeza. É trazer à tona a memória familiar e, ainda, o inconsciente familiar.

O estudo da psicogenealogia demanda o apoio de disciplinas como história, antropologia, sociologia, psicanálise e tantas outras. Essa abordagem toca na essência da história da pessoa, nas suas projeções, identificações, repetições, na forma como ela se constituiu como sujeito e membro de uma família, um fruto da sua árvore genealógica.

Assim, falar de psicogenealogia é, sem dúvida alguma, falar de romance familiar, é compreender a história de cada pessoa envolvida neste sistema. É conhecer a história da família – as histórias familiares! As páginas a seguir levarão você a descobrir esta abordagem inovadora.

O primeiro capítulo relata o início dessa abordagem, como ela é aplicada na prática e sua principal ferramenta – o genossociograma.

No capítulo seguinte, apresentam-se as contribuições teóricas ao estudo da psicogenealogia, como a prática de diferentes profissionais se complementa e amplia a compreensão da transmissão da memória familiar.

O terceiro capítulo reúne os conceitos utilizados pela psicogenealogia, o transgeracional, a síndrome de aniversário, a síndrome do gisant e a lealdade familiar.

Na sequência, o quarto capítulo descreve um pouco da trajetória da psicogenealogia e como ela chegou ao Brasil.

No quinto capítulo, apresenta-se um contraponto com questões que suscitam críticas a esta abordagem.

Por fim, o capítulo seis pretende tirar dúvidas respondendo as questões mais perguntadas nas palestras de psicogenealogia.

Você encontrará no início de cada capítulo o depoimento de participantes dos grupos de estudo da psicogenealogia, realizados de 2009 a 2016. Durante esses anos de estudo e disseminação da psicogenealogia, tive muito relatos e partilhas dos reflexos da psicogenealogia na vida de cada um dos participantes. Aqui fica um pouco do registro desses depoimentos.

CAPÍTULO I

APRESENTANDO

Depoimento de integrante do grupo de estudo de 2009

Atualmente acredito ser muito importante conhecer as nossas raízes. De onde viemos, estamos e para onde vamos ou estaremos.

De onde viemos: é relevante perceber e entender a memória de nossos antepassados. É importante saber qual nossa origem para podermos nos situar ou prospectar para onde vamos.

A origem dos nossos conflitos, neste exato momento, pode ter lá sua passagem histórica em algum lugar do passado.

Num certo estágio da minha vida, fui convidada para participar de um grupo de estudos sobre a psicogenealogia.

Mesmo leiga no assunto, mas com entusiasmo, curiosidade e obstinação, li, reli, pesquisei, sob a supervisão da Monica Justino, assuntos simplesmente fantásticos, coisas da rotina dos nossos dias que às vezes erramos, tropeçamos, congelamos, sem, no entanto, prestar atenção a alguns detalhes de nosso comportamento que poderiam ser corrigidos e, com bom índice de acertos, se percebidos, eliminam conflitos desnecessários, estresses e perturbações.

Trouxe estes ensinamentos para a minha vida, dos quais faço grande uso até hoje, em destaque especial quando dos cuidados à minha mãe enferma. Nesta ocasião, deixei a vida profissional e pessoal para cuidar apenas dela. Era como se fosse uma missão que a vida me pedia! Tendo mais tempo e "cabeça fria", percebia que algo me travava nas grandes realizações pessoais e profissionais. Porque as coisas não andavam como queria; porque "me congela-

va" como tinha que seguir em frente; opinar por alguma coisa; o medo constante de "me mostrar" ao outro; não dar sequência a fatos e oportunidades obtidas; colocar para fora do meu inconsciente o que sabia, e sem vergonha de fazer isso; mostrar meu potencial como profissional e ser humano.

Busquei junto à minha mãe, na história dela e na minha, durante os 6 anos de convivência, tudo que me incomodava, me deixava sem ação, me anulava e fazia me sentir excluída, os conflitos com a família, a falta de confiança em todos e em si própria.

Virei e revirei as histórias, segredos de família, tanto por parte da minha mãe como de meu pai, percebendo em mim algumas repetições: dos avós, dos tios, primos. Me vi semelhante em vários comportamentos e atitudes, a cada fatia de história achada. Coloquei no papel para estudos e comparações: literalmente minha vida na ponta do lápis!

Minha mãe faleceu em Florianópolis e me mudei para a cidade de Santos, em São Paulo. Fui além das minhas expectativas, me corrigindo naquilo que adquiri com mais segurança e até coragem, sempre com o pensamento no melhor, com resultados mais acertados, na vida pessoal e profissional, sem tirar os olhos nas "minhas raízes".

Hoje, aos 57 anos, vou seguindo, aplicando através do endomarketing, meu principal e especial estudo através da Qualidade, os ensinamentos da psicogenealogia, entendendo e percebendo mais as pessoas que comigo dividem o tempo e espaço.

Marilza, grupo 2009

Santos, abril de 2016

O que é a psicogenealogia?

A psicogenealogia é uma abordagem que une a psicologia e a genealogia, busca compreender como a história dos antepassados pode influenciar a história pessoal. Identificar e compreender os acontecimentos que foram marcantes na história familiar é o ponto central desta nova disciplina.

A investigação da história familiar serve para ajudar o indivíduo a tomar conhecimento da sua história, da história de suas raízes, de acontecimentos que marcaram a vida de seus antepassados, como por exemplo: as mortes prematuras, os acidentes não comentados, os lutos difíceis, as mudanças de cidade e/ou de país, as histórias de amor, as motivações para os negócios, os reconhecimentos pessoais e profissionais, de sucessos ou fracassos, as características pessoais, o jeito de ser de cada um, enfim, de fatos e dados que podem ser considerados significativos em uma determinada família. Dessa forma, pode compreender as *projeções*, *identificações* e *repetições* que passam de forma inconsciente de uma geração a outra, podendo, assim, compreender sua história e entender qual o seu papel na família – saber, por exemplo, que antes de nascer, seu pai e sua mãe admiravam o jeito de ser de um tio ou apreciavam os olhos do avô e os cabelos da avó, que eles imaginavam o filho advogado e bem-sucedido como o tio admirado. Conhecer essas histórias é se conhecer mais, é dar possibilidades de compreender as expectativas dos familiares, os medos, as decepções e dar espaço a conteúdos não comentados e, por vezes, inconscientes.

Os fundamentos

A psicogenealogia é fundamentada em três pontos essenciais:

Projeção – recebemos de nossos pais e de nossos familiares, estas projeções estão construídas no imaginário paterno e materno mesmo antes da nossa concepção. Podemos lembrar aqui as inúmeras vezes que homens e mulheres, na adolescência, comentavam o nome de um futuro filho, o signo, os traços, o caráter, as atitudes e outros detalhes físicos e comportamentais. As expectativas que precedem a concepção de um novo ser podem vir de desejos distantes, de sonhos e imaginação. Somos inicialmente um ser imaginário, desejado ou não, esperado ou não, como filho ou filha. Aliando-se a essas expectativas, devemos considerar ainda o clima psicológico, o contexto familiar e social do momento em que a criança é concebida. Nessas projeções estão ainda os medos e as angústias dos pais, relacionadas às mais diversas experiências e ao corpo e saúde do bebê. Os pais projetam nos filhos o que eles experimentaram ao longo da vida.

Identificação – ao nascer, recebemos nomes, nomes que podem já trazer uma história significativa para a família, nomes de pessoas que já faleceram, de avós, de artistas, de políticos, nomes considerados fortes, místicos, de jogadores, nomes que nos identificam e que buscam nos comparar àquele que foi a inspiração para tal. Recebemos rótulos, apelidos, conforme nossas características pessoais, sexuais, afetivas, intelectuais, artísticas... "Chorão como o pai!"; "Que pernas compridas, é a atleta da rua!"; "Como esta criança é comunicativa, igualzinho a tia!"... Nesse processo de identificação somos normalmente comparados com algum membro da nossa árvore genealógica. Essa identificação pode, de um lado, ser vista como uma forma de inclusão da pessoa na família, quando as características são aceitas e desejáveis, e por outro, pode ser uma forma de excluir do clã a pessoa, por não atender às necessidades e expectativas da família, ou ainda, por se assemelhar a um ente não querido.

Repetição – após as idealizações, identificações e comparações, nos colocamos em um sistema de repetição. Repetimos os pontos de vista, os comportamentos, os relacionamentos, os atos da nossa família. Repetimos, por vezes, as situações de vida da pessoa a quem fomos comparados. As repetições, mesmo que inconscientes, servem para confirmar o que foi inicialmente "projetado" e "sutilmente" comparado. Nós repetimos os mesmos padrões da nossa família para a vida profissional, repetimos padrões que nos levam a reencontrar os mesmos tipos de homem, mulher nas nossas relações afetivas, revivemos situações de vida já vivenciada na família. Esse esquema de repetição é uma forma de nos manter fiel ao clã, de assegurar nossa "sobrevivência" no grupo familiar – seguindo, por exemplo, a mesma profissão do pai, do avô, a pessoa garante que será aceita e que terá o sucesso deles!

Em algumas situações, as pessoas procuram justamente fazer o contrário, na tentativa de não repetir, de não aceitar e se distanciar. Entretanto, essa reação oposta é agir em função desta árvore, da mesma situação, é da mesma forma não estar livre. As repetições podem levar a um conflito interior – repetir e ser aceito por todos na família, ser fiel ao padrão familiar ou não repetir e se sentir excluído, ter o sentimento de ser "um peixe fora d'água", sentir que não pertence a esta família.

Procurar conhecer o que ficou guardado por muitos anos na história da família, identificar os não ditos, os segredos que pesam sobre os indivíduos, pode ser uma forma de evitar as repetições.

Contudo, percebemos facilmente que as famílias procuram não comentar sobre suas dificuldades, seus desentendimentos, suas fragilidades e, na maioria das vezes, essas situações ficam "guardadas a sete chaves", "empurradas para baixo do tapete", na tentativa de não tocar mais no assunto e, quem sabe, cair no esquecimento. São situações carregadas de sentimentos e ressentimentos que se infiltram na memória de cada indivíduo da árvore genealógica e, com o passar dos anos, acabam por se transformar em conteúdo do inconsciente familiar.

A jornalista Nathalie Chassériau[1] comenta em seu livro *Psychogénéalogie* que "quando uma dor é muito forte, temos tendência a ocultar dos outros e de si mesmo. Não falando, procurando esquecer o que nos faz mal". Aos olhos da psicanálise, esta tendência pode ser percebida como um mecanismo de defesa, uma forma que a pessoa se utiliza para não entrar em contato com uma situação dolorosa, "abafando" os sentimentos, procurando no seu modo de ver uma forma de se proteger. Negar o sofrimento, o "não ver", é percebido pelos budistas como a fonte inicial dos nossos males – quando negamos um sofrimento, não damos a oportunidade de "tratá-lo". A dor fica armazenada!

Dessa forma, a psicogenealogia vem com o propósito de ajudar a pessoa a conhecer as suas raízes, seus antepassados, compreender as situações de sucesso e fracasso na família, identificar os sofrimentos e conhecer a origem de alguns dos problemas familiares, para que ela possa integrar sua história e ter meios para retificá-la e, assim, "de uma situação insuportável poder torná-la dificilmente suportável, para melhor ainda, procurar suportá-la"[2].

Essa abordagem parte do princípio de que os traumas, as dificuldades vividas na família transmitem-se de uma geração a outra nas relações pai-filho (filiação), da mesma forma que a cultura, a língua, a religião... Nossos problemas não vêm apenas dos nossos pais, mas de todos os nossos antepassados. De forma inconsciente repassamos o que vivenciamos ou não (nas gerações anteriores); assim, conhecer a árvore genealógica, todos os personagens que dela fazem parte, interrogando sobre o modo de

---

[1] CHASSÉRIAU, N. **Psychogénéalogie** – connaître ses ancêtres, se libérer de leurs problèmes. Paris: Ed. Hachette, 2006, p. 5.

[2] SCHÜTZENBERGER, A. A. **Aïe, mês aïeux!** 15è edition. Paris: Desclée de Brouwer, La Méridienne, 2001.

vida, os sofrimentos, as dores, as frustrações e as alegrias, nos ajuda a descobrir em que medida eles nos influenciam e podem condicionar nosso bem-estar, nossas escolhas de vida, nosso comportamento e o nosso jeito de ser.

A psicogenealogia é um trabalho de pesquisa, de investigação dos integrantes da árvore genealógica, para compreender como viviam os antepassados, como eram suas relações e quais eram os sentimentos deles, com o propósito de conhecer nossas raízes para entender qual o nosso lugar na família, se reconhecer e se posicionar enquanto membro desta rede familiar. A construção e o trabalho da árvore genealógica têm por finalidade descobrir os nós familiares, os conflitos, os "ramos" doentes e, assim, nos libertar das influências prejudiciais. "Trata-se de conhecer seu passado ao invés de se submeter apenas. É poder dizer tudo isto faz parte de mim, mas não sou eu"[3].

Os mortos são invisíveis, mas não estão ausentes.
(Santo Agostinho)

O início... como tudo começou!

O início da Psicogenealogia pode ser demarcado com os trabalhos da psicóloga Anne Ancelin Schützenberger, psicoterapeuta francesa, com formação analítica, especializada em psicodrama e dinâmica de grupo. Anne também foi professora da Universidade de Nice e desenvolveu nos anos 70 trabalhos com pacientes oncológicos, acompanhando principalmente pacientes em fase terminal. Nesse período, seus atendimentos levaram-na a observar repetições de quadros clínicos ligados à idade e/ou datas de morte de algum familiar (*síndrome de aniversário*). Este fato a impulsionou a pesquisar sobre as individualidades e

---

[3] RIALLAND, Chantal. **Cette famille qui vit en nous**. Paris: Editions Robert Lafont, 1994.

ligações familiares (árvore genealógica). Os relatos dos pacientes serviram para estimular Anne nas suas pesquisas e aprofundar seus questionamentos sobre a história familiar e mergulhar na genealogia, ou mais precisamente, no inconsciente familiar.

Esse estudo se fortaleceu em 1975 quando ela se deparou com uma paciente jovem, de 35 anos, recém-casada, que desenvolveu um câncer terminal. Esse caso intrigou Anne, que observou o bom momento da vida da pessoa para desenvolver uma doença grave. Ela buscou informações e descobriu na história da paciente que sua mãe, nesta mesma idade, teve um câncer. Mais um caso de repetição!

No livro *Aïe, Mes Aïeux!* Anne relata que cinco anos após esse fato, em uma conversa com sua filha, ela se deu conta de mais um caso de repetição e, dessa vez, na sua família:

> Você se deu conta, mamãe, que você é a mais velha de dois irmãos, e o segundo morreu, que papai é o mais velho de dois irmãos, e que o segundo morreu, e que eu sou a mais velha de dois irmãos, que o segundo morreu... e que após a morte do tio eu tinha medo que algo pudesse acontecer a meu irmão... (e aconteceu)[4].

Coincidência ou repetição! Anne pesquisou sua árvore familiar e a de seu marido e encontrou vários casos de repetição. Após esse episódio, ela e alguns estudantes de psicologia buscaram mais informações sobre situações de repetições pesquisando em suas árvores familiares. Ela iniciou, então, o que chamou, meio ao acaso, de *psicogenealogia*.

Em seguida, escreveu o livro *Aïe, Mes aïeux!*, que chegou às prateleiras em 1988 (traduzido em português por "Meus antepassados"). Esse livro foi traduzido em várias línguas e em 2007 apresentava-se na 16ª edição na França.

---

[4] SCHÜTZENBERGER, 2001, p. 75.

Antes de publicar o livro, Anne tomou conhecimento, por intermédio de uma aluna, que Alejandro Jodorowsky, cineasta, escritor e especialista em Tarot, também utilizava o termo psicogenealogia.

No livro *Métagénéalogie: la famille, un trésor et un piège*, Jodorowsky e Marianne Costa, afirmam que o uso da palavra psicogenealogia foi inventado por ele em 1980[5]. Contudo, não se sabe exatamente quem utilizou o termo pela primeira vez. Segundo relato de Anne[6], tanto ele como ela perderam os escritos que realizaram anteriormente sobre a psicogenealogia.

Após 1988, com a publicação do livro *Aïe, mês aïeux!*, a psicogenealogia ganhou visibilidade, o interesse de psicólogos, outros profissionais e do público geral. A jornalista Nathalie Chassériau, já citada anteriormente, comentou que conhecer a história dos antepassados se transformou numa verdadeira novidade e observou um crescente interesse pelo assunto. Isto levou à publicação de vários livros com a visão dos mais diferentes autores. A psicogenealogia resgata temas como traumas, segredos, lealdades, projeções, identificações, repetições e outros já debatidos pela psicologia e outras ciências correlatas. Este crescente interesse amplia o tema e leva ao desenvolvimento de cursos de formação, grupos de estudo e aplicação prática.

Esse movimento reforça a opinião de Anne Ancelin, que considera a psicogenealogia necessária nos dias de hoje. Para ela, "nós precisamos mais que nunca de nossas raízes"[7].

---

[5] JODOROWSKY, A.; COSTA, M. **Métagénéalogie – La famille, un trésor et un piège**. Paris: Albin Michel, 2011, p. 09.

[6] SCHÜTZENBERGER, 2001, p. 77.

[7] SCHÜTZENBERGER, 2001.

Para que serve a Psicogenealogia? A quem se destina?

Sim, para que serve a psicogenealogia?
O que fazer com esta pesquisa da árvore genealógica?
Em que isto pode ajudar?
Com certeza, estas são algumas das perguntas a se fazer.

A construção da árvore psicogenealógica é uma experiência rica que ajuda a compreender o lugar que temos na família, o lugar que ocupamos de fato, sejamos o filho mais velho, o do meio, o caçula ou estejamos substituindo alguém que não está presente! Às vezes, somos o mais novo e ocupamos o lugar do mais velho, com a tarefa de "cuidar" de toda família! Ao construir nossa árvore genealógica podemos identificar quais eram as expectativas dos nossos familiares com a nossa chegada, o papel que representamos e, assim, conhecer o contexto familiar e os motivos que levaram a esta representação.

É uma experiência que pode ajudar a identificar as repetições e a forma de agir conforme modelos que não nos pertencem, um trabalho que amplia o autoconhecimento e permite identificar a origem dos problemas e suas razões.

Pode ser indicado para pessoas que apresentam o sentimento de "não viver sua vida" e não sabem justificar a causa; para pessoas que apresentam mal-estar constante e que se queixam de estar no "lugar errado"; para os que desejam compreender com outros olhos sua infância; para os que buscam desenvolvimento pessoal; e para interessados em genealogia, os quais podem enriquecer suas pesquisas com foco psicológico.

O trabalho em psicogenealogia permite também à pessoa libertar-se das responsabilidades de situações não elaboradas por seus antepassados, que permanecem mal resolvidas e perpetuam-se de forma inconsciente.

A demanda de um trabalho em psicogenealogia pode ser a mesma que leva a pessoa à terapia. Crises ocasionadas por mudanças profissionais, um nascimento, um casamento, uma doença, mudanças de lugar, lutos, rupturas, repetições, mentiras, segredos de família e muitas outras.

No geral, o trabalho pode ser desenvolvido com crianças, adolescentes e adultos. Contudo, ele é indicado essencialmente aos adultos, que poderão compreender e identificar a memória familiar consciente ou inconsciente. As crianças maiores de sete anos também podem se beneficiar da reconstrução da árvore genealógica para identificar melhor seu lugar na família. Neste caso, vale considerar algumas adaptações na estrutura formal da psicogenealogia, dentre elas, a pesquisa da família incluindo três gerações[8].

Como funciona?

Como a maioria dos processos terapêuticos, a psicogenealogia inicia por um trabalho de entrevista onde cliente e terapeuta procuram identificar um problema específico que será o foco da investigação na árvore genealógica. Muitas vezes, o problema já está definido e é justamente este que leva o cliente a buscar o trabalho.

Vale lembrar que a psicogenealogia é um trabalho de pesquisa que investiga no passado familiar a origem das dificuldades do indivíduo. É um processo que procura buscar na história da família o que pode estar impedindo a pessoa de avançar naquele momento. Esse trabalho pode ser realizado em diferentes momentos da vida, não tem como propósito mudar toda a vida da pessoa nem solucionar todos os problemas. É um trabalho que pode ser complementar a um processo terapêutico ou pode ele mesmo ter esta finalidade.

---

[8] ADAM, Géraldine. **À la découverte de la Psychogénéalogie** – conséquences et effets du passé familial sur nos vies. Paris: Editions Dauphin, 2006.

Durante o processo de elaboração da árvore genealógica, compreende-se melhor a missão e o lugar que temos na família, com ele é possível identificar as repetições e as lealdades familiares. É um processo que ajuda a se desprender das cargas e culpas transmitidas de forma inconsciente, a escolher o que realmente lhe pertence sem romper com a família, identificar a responsabilidade de cada personagem do clã e dar abertura para resgatar a comunicação familiar, poder "ouvir com o coração" o que muitas vezes ficou como não dito ou mesmo velado na história da família.

Construir a árvore familiar demanda paciência e disponibilidade para recolher e absorver as informações que aos poucos se unem para se ressignificar. O indivíduo apropria-se de informações que vão lhe permitir reconduzir sua trajetória de forma mais segura, serena. É um trabalho de liberação que leva a pessoa a retomar seus projetos, suas escolhas, enfim, ser dono da sua vida.

O desenvolvimento do processo – frequência

Como já dito anteriormente, o processo inicia com uma entrevista e delimitação da questão problema, isto é, o que leva a pessoa a procurar pela psicogenealogia. Inicialmente, realiza-se a montagem da árvore com base na memória, trabalha-se neste caso com as informações que o cliente tem, com suas lembranças. Boa parte das pessoas, num primeiro momento, só consegue lembrar-se de três gerações e muitas vezes de forma vaga, contudo, mesmo com poucas informações, quase sempre se encontra a direção a seguir nas pesquisas.

Os encontros ocorrem normalmente com sessões mensais, de uma hora e meia a duas horas. As sessões são mais extensas para dar tempo de entrar na história, nos relatos familiares e organizar as informações no genossociograma. O tempo entre uma sessão e outra serve para que a pessoa possa realizar suas pesquisas junto à família, e ao mesmo tempo serve para absorver aos poucos sua história e fazer seus *insights*. As pesquisas costumam mexer com toda família, as informações vão emergindo e alguns familiares podem também se sentir tocados pelos conteúdos que aos poucos vão se revelando.

O processo terapêutico em psicogenealogia não tem um número de sessões definido, a duração deste processo pode levar aproximadamente um ano ou mais. É um trabalho que depende do terapeuta para conduzir o cliente na elaboração da árvore genealógica, do tempo e dedicação do cliente para realizar as pesquisas e se dedicar ao processo e dos conteúdos que emergem das investigações. Por vezes, em poucas sessões, e possível que a pessoa se perceba diferente, mas para compreender profundamente sua história é preciso ir mais além.

Vale lembrar que é um processo que pretende levar a pessoa a conhecer e integrar sua história, e que em determinados momentos pode suscitar mágoas, decepções e surpresas. Para fazer um trabalho em psicogenealogia é preciso ter a coragem para investigar e aceitar a realidade familiar.

A principal ferramenta – o genossociograma

Muitos dos nossos ascendentes gostariam de ter vivido uma vida completamente diferente da que eles viveram. A árvore traz a memória dos desejos não satisfeitos, dos desejos de realização pessoal que ficaram escondidos.

(Élisabeth Horowitz)[9]

Na genealogia, construir a árvore genealógica é, sem dúvida, uma experiência enriquecedora e profunda em informações

---

[9] In: CHASSÉRIAU, 2006.

sobre as várias gerações de uma família. Para a psicogenealogia, a árvore genealógica vai muito além dos nomes, datas de nascimento e de morte, de todos os membros da família. A construção da árvore se faz com um minucioso trabalho de investigação que vai se construindo aos poucos e desvendando aspectos não mencionados na família e, por vezes, desconhecidos por gerações. É, de certo modo, uma forma de dar vida aos antepassados, dando significado à existência deles. Neste estudo, a construção da árvore leva o nome de genossociograma e pode ser considerada a ferramenta básica, indispensável para o estudo da árvore genealógica sob o ângulo psicossomático, como citado pelo médico Salomon Sellam[10]. Contrariamente à árvore genealógica clássica, o genossociograma é composto de várias outras informações:

- Ao lado da data de nascimento, precisa-se a data de concepção de cada indivíduo;

- Todos os nomes de cada pessoa;

- Datas de casamento, divórcio e separação;

- O lugar exato dos filhos, mencionando a ocorrência de abortos voluntários e involuntários, especificando o gênero se for possível;

- O nome e a data do diagnóstico das doenças e eventuais recaídas (voltar à doença), hospitalizações, tratamentos seguidos e seus efeitos;

- O tipo e a data de diferentes eventos importantes na vida de cada indivíduo: guerra, acidente, disputa de herança, medo ou pavor, agressões de todos os tipos, problemáticas sexuais (incesto, abuso, violações, estupro, infidelidade);

---

[10] SELLAM, S. **Le Syndrôme du Gisant** – um subtil enfant de remplacement. 2e édition. Paris, Editions Bérangel. 2007.

- O contexto econômico e social: as ocupações, as promoções, as recolocações profissionais com as datas, as riquezas e o nome das pessoas que são favorecidas (hoje). As pessoas favorecidas ou lesadas nas partilhas ou heranças, as injustiças descritas ou sentidas como tal;

- As ligações entre os diferentes membros da família: as afinidades, as aproximações ou afastamentos, os que vem e os que não vem às reuniões familiares, os lugares de habitação e coabitação e os que moram junto;

- Especificar as regiões nebulosas/sombrias da árvore: as mortes inexplicáveis ou injustas, deportações, abandono de criança ou de família, filho ilegítimo, lutas familiares, processos, negação de herança, os vícios, violências ou outros etc.

Essa lista não tem fim e pode ser complementada com toda outra informação considerada útil pelo cliente ou terapeuta. Na prática, é muito difícil preencher o genossociograma no começo das pesquisas, pois normalmente o cliente não tem conhecimento de toda sua árvore, não sabe nomes, datas e demais informações que possam ajudar na sua história – por vezes, ele nem conhece além dos avós. Este material será completado regularmente à medida dos encontros e à medida que o cliente avançar nas suas buscas. É importante deixar sem apagar os escritos anteriores e considerá-los depois. Os erros são por vezes reveladores e podem ser colocados como lapsos genealógicos. Cada pessoa tem uma forma de "desenhar" sua árvore·e este jeito individual traz informações essenciais da história familiar e da maneira como o cliente percebe a família. À medida que o cliente acrescenta dados na árvore ele identifica novas relações, tem *insights* e pode fazer observações relacionadas ao momento em que se encontra. Nem sempre ele percebe a relação dos fatos inseridos no genossociograma e, por esse motivo, vale deixar as informações anteriores para que ele possa ler e reler seus escritos e assim fazer sentido.

Durante os encontros de um trabalho de psicogenealogia, o genossociograma pode ser desenhado num quadro ou numa grande folha onde se registram símbolos como: o triângulo para representar o homem, o círculo para as mulheres, as linhas para representar as ligações entre as pessoas, que podem ser diferenciadas conforme o tipo de relação que existe entre elas, seja de casamento, separação, uma relação conflituosa e outras. Além desses símbolos, são inseridas também as datas de nascimento, morte, casamento e outros eventos considerados significativos para a pessoa em questão. Enfim, o genossociograma representa simplesmente de maneira resumida toda a história da família. Pode ser comparado ao átomo social da teoria do psicodrama de Jacob Levi Moreno, que representa a configuração social das relações da pessoa desde o seu nascimento, isto é, os vínculos mais próximos, sejam eles positivos ou negativos. Na representação do átomo social pode-se incluir um livro, um animal de estimação, um momento da história, uma música, tudo que pode ser considerado importante para a pessoa. Para a mãe da psicogenealogia, essa ferramenta coloca em evidência as relações sociométricas, o contexto, os fatos importantes, e ainda utiliza a vivência e o inconsciente do terapeuta e do cliente (os sonhos, os lapsos, os atos falhos, e associações livres)[11].

Ao apresentar o genossociograma, Anne ressalta que sua forma de trabalhar é integrativa[12], visto que ela utiliza ao mesmo tempo vários modelos conceituais, como: a lealdade invisível de Ivan Böszörméni-Nagy – a identificação inconsciente com algum membro da família morto anteriormente; o conceito de cripta e fantasma de Maria Török e Nicolas Abraham – ligados aos segredos

---

[11] SCHÜTZENBERGER, 2001, p. 82.
[12] Ibid.

de família; as alianças familiares – as triangulações e exclusões; as crianças de substituição – que nascem para substituir um familiar cujo luto não foi realizado integralmente; o conceito de neurose de classe – Vincent de Gaulejac – representa o medo ou ambivalência de fazer melhor que os pais; as datas representando a síndrome de aniversário.

Além desses modelos, ela relembra que durante a elaboração do genossociograma é essencial observar, olhar e escutar atentamente o cliente. Isso significa que durante os encontros de construção da árvore é preciso estar atento à linguagem utilizada pelo cliente, à sua forma de falar, aos gestos, aos olhares, à respiração, enfim, a tudo que possa servir como indicador verbal e não verbal. Todas estas informações servirão para compreender e dar sentido ao que está sendo comentado pelo cliente, além de servir de guia para formular questionamentos sobre o assunto e estabelecer relações entre o sinal e o significado[13].

Enquanto ferramenta principal da psicogenealogia, o genossociograma visa colocar em evidência conteúdos não revelados que se escondem por trás da história de cada indivíduo da árvore. Conteúdos que foram esquecidos, escondidos e nunca antes revelados, mas que podem sem dúvida ter influência significativa na história da família em questão.

A seguir, alguns símbolos usados para construir o genossociograma. Lembrando que podem ocorrer variações de um autor para outro.

Algumas observações a serem consideradas durante a elaboração:

- Colocar os filhos em ordem de nascimento. O mais velho na esquerda, colocar o número correspondente. Incluir os abortos e os natimortos na numeração;

---

[13] SCHUTZENBERGER, 2001, p. 82-83.

- O casamento pode ser representado por um (ou dois) traço(s) de união entre os símbolos masculino e feminino; em caso de separação, colocar um traço oblíquo para indicar e dois para o caso de divórcio.

Símbolos para o genossociograma

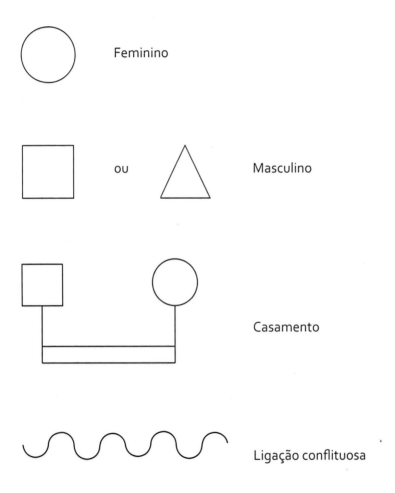

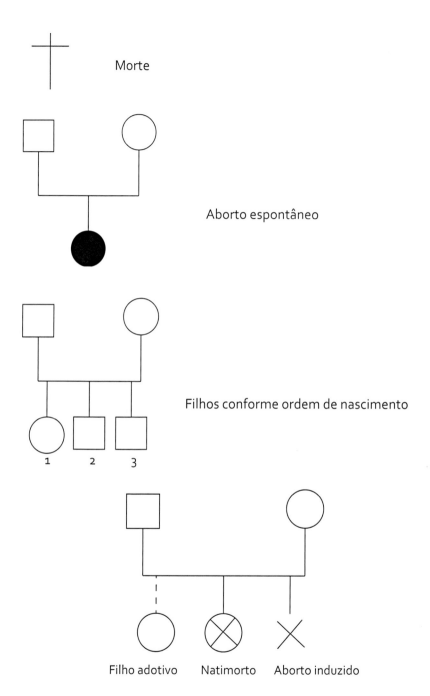

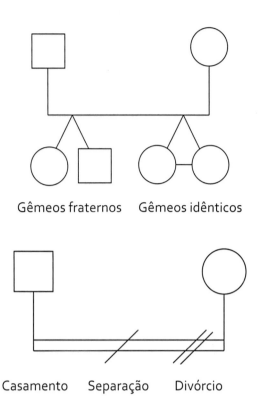

Gêmeos fraternos   Gêmeos idênticos

Casamento   Separação   Divórcio

De forma prática, para elaborar o genossociograma é preciso, além das informações que podem ser buscadas até a sétima geração, de um material adequado, como folhas brancas para desenhar a árvore e lápis de cores variadas para fazer as ligações e as observações necessárias no estudo.

Ainda, como forma de complementar a montagem da árvore, é possível utilizar-se de fotos. Elas darão um aspecto mais familiar e vivo à árvore. Contudo, é preciso que esse processo seja espontâneo, pois a forma como o cliente estrutura a árvore revela seu jeito de ser, dá informação das ligações que ele tem com as pessoas da família, dos seus interesses, e pode servir como material de investigação e interpretação do processo.

Genossociograma e genograma

Além de todas as informações descritas acima, vale relembrar que o genossociograma é uma ferramenta da psicogenealogia e é preciso diferenciá-lo do genograma. Anne e Ghislain fazem esta distinção no livro *Ces enfants malades de leurs parents*[14], em que apresentam o genossociograma como a árvore genealógica construída de cinco a sete gerações, incluindo as datas de casamento, nascimento, morte e fatos importantes da história de vida da família (grau de instrução, profissão, separação, segundo casamento ou mais, doenças, acidentes, mudanças, deslocamentos, migrações etc.) e as ligações afetivas entre as pessoas da família[15]. Já o genograma é a árvore desenvolvida sobre três gerações, acrescentando alguns fatos da vida e colocando em evidência as ligações entre filhos, pais e avós – técnica difundida e utilizada na terapia sistêmica[16].

No estudo de Alejandro Jodorowsky[17], a árvore genealógica é representada por um esquema retangular inspirado no tapete mágico dos ciganos e na forma das cartas do Tarot. Nesta, a árvore materna é sempre colocada à esquerda e a paterna à direita. Esse retângulo é dividido em camadas, iniciando de baixo para cima, em que na primeira é colocado o cliente com seus irmãos, seguindo a ordem de nascimento da esquerda para direita, a segunda camada divide-se ao meio, ficando na esquerda a mãe com os irmãos dela e na direita o pai com seus respectivos irmãos. Na terceira, os avós maternos e paternos com os tios-avós, seguindo igualmente a linha materna do lado esquerdo e a paterna do direito. A quarta camada é destinada aos oito bisavôs.

---

[14] SCHÜTZENBERGER, Anne Ancelin; DEVROED, Ghislain. **Ces enfants malades de leurs parents**. Paris: Ed. Payot & Rivages, 2005.

[15] Esta técnica foi desenvolvida por Anne Ancelin com base nos trabalhos de Jacob Levi Moreno do Psicodrama – átomo social e relacional de cada pessoa, como já mencionado anteriormente.

[16] SCHÜTZENBERGER; DEVROED, 2005.

[17] JODOROWSKY, A.; COSTA, M. **Métagénéalogie – La famille, un trésor et un piège**. Paris: Albin Michel, 2011.

Assim como no genossociograma, a árvore genealógica retangular também agrupa as informações de datas de nascimento, morte, casamento, concepção, fatos importantes da vida familiar, profissões, doenças, vínculos familiares e demais dados considerados significativos na história da pessoa. Cabe lembrar ainda que, inicialmente, tanto a árvore genealógica do modelo de Jodorowsky como o genossociograma devem ser construídos com as lembranças da memória, deixando para ser completada à medida dos encontros. Ambas podem ser refeitas quantas vezes o cliente sentir vontade, contudo, é importante preservar as anteriores para que ele possa identificar as diferenças e sua evolução, da mesma forma que poderá perceber os dados não visualizados anteriormente.

A seguir, um exemplo do modelo de árvore genealógica de Alejandro Jodorowsky.

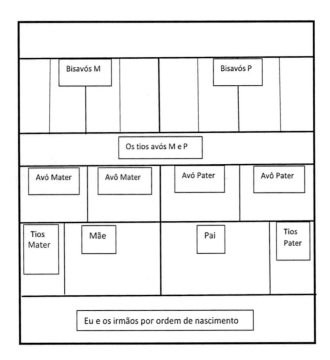

Observações: Na primeira linha de cima para baixo, normalmente é colocado o objetivo da pessoa, isto é, o que ela está buscando, qual o foco do trabalho.

Esse esquema facilita a organização dos dados que podem ser inseridos com mais facilidade, porém é menos "visual" que o genossociograma clássico.

A escolha entre um modelo ou outro para trabalhar os conteúdos da memória familiar depende do cliente e do terapeuta.

Outro fator relevante para ser comentado diz respeito às dificuldades encontradas para elaborar a árvore genealógica. Jodorowsky considera três dificuldades principais[18]: a falta de informação objetiva, o que é natural e ocorre em todas as famílias, visto que nem todos possuem informações concretas sobre todos os personagens da família – muitas se perdem por motivos reais, nem sempre conheceremos "toda a verdade"; outra dificuldade e talvez a mais evidente é a resistência familiar, já que muitos familiares não gostam de revelar tudo o que sabem, às vezes por medo, vergonha, pudor, perda da memória etc. Da mesma forma, encontramos relatos bem completos, mas que nem sempre retratam a verdadeira realidade familiar, são impregnados de mitos. Por fim, a outra dificuldade, as nossas próprias resistências, ou seja, a forma que encontramos para não fazer uma pergunta, dados que nos esquecemos de colocar e acabamos perdendo, informações que chegam e não consideramos importantes, recusamos descobrir a verdade!

---

[18] JODOROWSKY, A.; COSTA, M. **Métagénéalogie** – La famille, un trésor et un piège. Paris: Albin Michel, 2011. p.68

CAPÍTULO 2

AS CONTRIBUIÇÕES AO ESTUDO DA PSICOGENEALOGIA

Depoimento de integrante do grupo 2014

Iniciei meus estudos em Psicogenealogia no ano de 2014, motivada, inicialmente, por uma grande curiosidade pelo tema das transmissões inter e transgeracionais inconscientes e também pelo desejo de ampliar meu olhar e meus recursos como psicoterapeuta.

Em pouco tempo, no entanto, essa experiência foi se configurando numa intensa jornada de autoconhecimento e crescimento, de forma irreversível e profunda. Mergulhar em minha própria memória familiar permitiu-me acessar, reconhecer e compreender muitas de minhas programações, meus modelos relacionais (positivos e negativos), as crenças, os valores, as dificuldades e as potencialidades, tão fundamentais na construção de minha identidade. Foi como abrir um antigo, grande, e, por vezes, pesado baú. Não encontrei exatamente o tesouro esperado, mas a riqueza desse processo foi justamente poder olhar seu conteúdo, revirá-lo, reacomodá-lo e, consequentemente, torná-lo mais leve, mesmo sem ter que me desfazer de absolutamente nada do que encontrei.

Nessa tarefa de resgatar, ressignificar e reorganizar esses meus "achados", eu pude melhor integrar e atualizar minha história familiar à minha história individual/presente. O peso é desnecessário, mas o conteúdo de nossas histórias serve como um grande mapa, que pode ser utilizado como importante instrumento de libertação, enfrentamento e superação de sofrimentos acumulados e compulsivamente repetidos.

Esse aprendizado me serviu pessoalmente e profissionalmente, quando me vejo diante das muitas histórias familiares que chegam em meu consultório. Sou grata a você, Dra. Monica Justino, por ter favorecido esse encontro, ou melhor, esse reencontro como minhas origens, minha história familiar. Sinto-me fortalecida por essa consciência e pelo entendimento de minha responsabilidade pelo caminho que estou construindo, tanto para mim quanto para os que compartilham a vida comigo (meus familiares, amigos, clientes, contemporâneos), bem como para os que virão a seguir. Obrigada!

Fátima Regina Mibach do Nascimento, grupo 2014

Florianópolis, maio de 2016

Os modelos conceituais e suas contribuições ao estudo da psicogenealogia

A psicogenealogia é uma abordagem que integra diferentes teorias e escolas de pensamento. Neste capítulo, pretende-se apresentar relatos da contribuição e experiência de diferentes autores sobre a transmissão transgeracional. Além de Anne Ancelin e Alexandro Jodorowsky, cita-se: Vincent De Gaulejac, sociólogo que traz a ideia de neurose de classe; Bert Hellinger, com as constelações familiares; Didier Dumas, psicanalista que aborda temas tabus como a sexualidade e morte inserindo a ideia de "anjo"; Serge Tisseron, que amplia o sentido de segredo familiar... Diferentes enfoques que contribuem com a psicogenealogia, tornando-a bem mais abrangente na compreensão dos conflitos e questionamentos do ser humano.

Alguns dos autores citados não falam de psicogenealogia, mas de transmissão de conteúdo de uma geração a outra, conforme a formação e vivência de cada um.

Um dos primeiros autores a mencionar a transmissão de conteúdo de uma geração a outra é Sigmund Freud. Freud cita em *Totem e Tabu* o transgeracional e fala da transmissão de conteúdos inconscientes de uma geração a outra. Nesse livro, ele exemplifica como os conteúdos são transmitidos, a importância da cultura, o significado que esta atribui aos fatos, e como estes são repassados. *Totem e Tabu* mostra que no seio de cada cultura os valores recebem significados diferentes e são assim repassados para as gerações futuras. Logo, um dado valor aceito em uma cultura pode ser experimentado de forma positiva por um grupo e de forma negativa por outro. Essas concepções vão dar sentido ao que será transmitido e ao que ficará como conteúdo permitido e/ou proibido, aceito e/ou rejeitado e, dessa forma, nasce o que costumeiramente repassamos como segredos, traumas, não-ditos[1].

---

[1] No capítulo seguinte será comentado sobre o transgeracional.

Anne Ancelin Schützenberger – "a mãe da psicogenealogia"

Considerada a mãe da Psicogenealogia, Anne nasceu em 29 de março de 1919, em Moscou, Rússia. Foi para a França aos 4 anos de idade, e fez seus estudos em Paris, falecendo em 23 de março de 2018, pouco antes de completar 99 anos. Iniciou seus estudos acadêmicos com uma licence em direito, mais tarde, ingressou na primeira turma de *licence* em Psicologia na França em 1947. Fez doutorado em Letras e em Psicologia. Estudou dinâmica de grupo e aplicou-se na formação do psicodrama, com Jacob Levi Moreno. Iniciou sua prática clínica em psicanálise sendo orientada por Françoise Dolto, com quem também seguiu um trabalho de análise. Especializou-se em psicologia social e dinâmica de grupo. Participou de diversos grupos de estudo, dentre eles o grupo de Palo Alto. Fez formação em terapias breves e comunicação relacional, análise e dinâmica de grupo, entre outras. Anne foi bem atuante na disseminação do psicodrama na França e em outros países.

Professora emérita da Universidade de Nice, a partir de 1967 conduziu as pesquisas do laboratório de psicologia social e clínica desta mesma universidade. Nos anos 1970, iniciou trabalhos com pacientes oncológicos e suas famílias. Em 1985, publicou *Vouloir Guerir* – "Querer curar" e dedicou-se ao trabalho com pacientes em fase terminal.

Com essa experiência, Anne desenvolveu, a partir de suas observações clínicas e apoiada nos conceitos da psicanálise e da sistêmica, a psicogenealogia, colocando em evidência que eventos, situações traumatizantes e conflitos vividos pelos antepassados de uma pessoa podem condicionar problemas psicológicos, doenças e comportamentos estranhos e não explicados nos descendentes.

Em 1988, Anne publicou *"Aïe, mes aïeux!"*[2], que foi um *best-seller* e pode ser considerado o livro mestre da psicogenealogia. Com a publicação desse livro, oficializou o termo "psicogenealogia", apresentou os conceitos de genossociograma, lealdade invisível e síndrome de aniversário. Além desses, ela comenta os estudos de Freud e Jung sobre o inconsciente, cita a terapia familiar sistêmica, os fantasmas e segredos de família, abordando casos clínicos. Esse livro foi um marco para o desenvolvimento da psicogenealogia, sendo traduzido para várias línguas, dentre elas o inglês, alemão, espanhol, português, russo, italiano, entre outras.

Segundo a autora, a vida de cada um de nós é um romance. Todos nós somos atores principais, mas ao mesmo tempo "diretores" da trama. Ou seja, atuamos como personagem principal, representando histórias, vivendo e revivendo eventos como se a vida fosse um livro com uma história pré-definida, reproduzindo situações já vivenciadas ou não, porém com a possibilidade de reescrever a cada minuto, de escolher e de refazer este romance.

Nessa representação observamos que estamos literalmente amarrados a uma fidelidade poderosa e inconsciente de nossa história familiar, e temos grande dificuldade de inventar algo novo na vida!

Para Anne Ancelin, repetir os mesmos fatos, datas ou idades que moldaram o drama dos nossos antepassados é uma forma de honrar e ser fiel à família. Em algumas famílias, notamos a repetição de uma doença, que pode se manifestar na mesma idade em diferentes gerações. O mesmo pode ocorrer para a situação de morte, que pode ser causada em função de um acidente e, por vezes, o mesmo tipo de acidente por gerações. Casos de famílias em que ocorrem abortos naturais na primeira gestação, fato que pode ser repetido de forma horizontal e vertical nas gerações[3].

---

[2] Livro traduzido para o português pela Editora Paulus, em 1997, como *Meus antepassados*. Não editado mais no momento.

[3] Acontecimentos considerados verticais são os que ocorrem de uma geração para outra e os hori-

Repetições de datas de casamento, de datas festivas, de datas de nascimento de filhos, de número de filhos – em várias gerações. Mas há uma razão mais forte nessas repetições.

Na construção da árvore podemos observar segredos como: vestígio de mortes violentas, adultérios, bastardos, doenças graves, alcoólatras etc. Segundo Anne Ancelin, estas são coisas que estão escondidas e que as pessoas não desejam mostrar. Mas o que acontece quando, por vergonha ou por conveniência, não se fala sobre um incesto, uma morte suspeita ou o fracasso de um antepassado? O silêncio é feito sobre um tio desajustado, e que vai criar uma sombra na memória de um filho da família que, para preencher esse vazio ou lacunas, repete no seu corpo ou na sua vida o mesmo drama. Anne Ancelin reforça que não há necessidade de repassar às próximas gerações este peso de lealdades familiares.

Mas como podemos sair desse mundo invisível de repetições?

Parece que a chave para evitar estas repetições está no inconsciente. Segundo a "mãe da psicogenealogia", é o inconsciente o responsável por tudo isso, como se fosse um relógio invisível. É o inconsciente que registra as datas, os acontecimentos, os traumas... a memória de tudo que foi vivenciado e significativo para alguém. No livro *Aïe, mes aïeux!*, ela destaca que "eventos, situações traumatizantes e conflitos vividos pelos antepassados de uma pessoa podem condicionar problemas psicológicos, doenças e comportamentos estranhos e não explicados nos descendentes"[4]. Assim, ao elaborar o genossociograma precisamos identificar que histórias a família prefere não falar, pois "para evitar as repetições, é preciso primeiramente se conscientizar"!

---

zontais na mesma geração.

[4] SCHÜTZENBERGER, 2001, p. 84.

Além das repetições que encontramos nas histórias de família, Anne comenta em seus estudos sobre a importância dos valores, das crenças e das regras de "família". Toda família possui regras, valores e crenças distintos que são repassados de geração em geração. Para algumas isso se apresenta de forma bastante rígida, para outras, um pouco mais flexível. Esses "códigos" recebem também influência da cultura, do nível socioeconômico, da época, do nível educacional etc. Eles estão sempre presentes e permeiam os relacionamentos, seja na família ou fora dela.

Para relembrar, podemos citar algumas regras que observamos facilmente nas famílias, como por exemplo, a obrigação de cuidar de outros membros que estão doentes geralmente recai sob as mulheres da família, sejam elas mães, filhas, sobrinhas, netas etc.; cuidar das crianças em seus estudos – o maior ou o filho mais velho; a organização dos afazeres domésticos, na maioria das vezes fica sob responsabilidade da mãe. Os exemplos são muitos, vale estar atento e perceber como, quando e onde eles estão atuando, quem na árvore genealógica repassa estes "códigos", que efeitos eles provocam?

Ao decodificar e constatar algum fato de relevância, podemos tentar ajudar não só a pessoa envolvida em suas escolhas pessoais e profissionais, como a sua família, no relacionamento entre seus membros.

De acordo com Anne Ancelin, trazer à consciência permite então o livre-arbítrio, porque "nos foi dada a escolha de romper com a repetição e fazer a nossa própria história". É dessa forma que a psicogenéalogia de Anne Ancelin se propõe a ajudar as pessoas.

Alejandro Jodorowsky

Cineasta, poeta, escritor e psicólogo, Alejandro Jodorowsky nasceu em 17 de fevereiro de 1929 no Chile, filho de imigrantes ucranianos judeus. Tem como característica marcante o jeito "irreverente" e ousado. Iniciou sua vida profissional no circo e com marionetes. Em 1953 foi para Paris para estudar mímica com Marcel Marceau e ampliou os estudos com yoga, chakras, a cabala, medicina chinesa e os meridianos etc. Fixou-se nessa cidade para dar início a uma carreira múltipla: escritor, encenador, ator, cineasta, psicochamanista...

Ao longo de sua carreira ele escreveu vários livros, filmes, peças de teatro, especializou-se no Tarot e dedicou seus estudos a compreender a linguagem gestual, a expressão corporal... Nesta, procurou identificar que inúmeras memórias da infância, desde o período gestacional, da memória psíquica da família, a rejeição ou a aceitação ficam registradas no nosso corpo. Essa descoberta levou-o a decidir realizar sua liberação espiritual por meio da arte.

Na sua prática, ele colocou em relação a arte e a terapia e identificou o teatro como terapêutico. Dessa forma ele abandonou os textos prontos para investir no improviso, o que deu origem ao que ele chamou de *psicomagia* – técnica terapêutica que consiste em encenar na vida cotidiana um ato curativo (atos simbólicos), semelhante a um sonho, para liberar um bloqueio inconsciente[5]. Ou seja, ele parte do inconsciente (imagens, sonhos, ações que desafiam a lógica) para o intelectual. Assim, seu propósito é fazer o caminho contrário da atitude psicanalítica, que tem por foco transformar o conteúdo inconsciente em linguagem e explicações racionais. Para Jodorowsky esta técnica transfigura o nosso cotidiano em modelos míticos e representa uma das suas técnicas para ampliar a prática da psicoterapia.

---

[5] JODOROWSKY, A.; COSTA, M., 2011, p. 18.

Verdadeiro homem do Renascimento, Alejandro Jodorowsky, é considerado o "Leonardo Da Vinci" chileno e, acima de tudo, um mago.

De forma carinhosa, ele pode ser considerado o "pai" da psicogenealogia – no livro *Metagenealogia*, ele relata que inventou o termo psicogenealogia no início dos anos 1980[6].

Na visão de Jodorowsky, a psicogenealogia mostra que tanto nossas forças como nossas fraquezas têm suas origens nos distintos ramos da nossa árvore genealógica (através da psique) e, assim, ele considera que é na história de nossos pais, familiares e antepassados que está toda a chave que marca nosso presente. Ao observar esses acontecimentos podemos perceber as várias repetições de fracassos e êxitos de todo o nível, de geração a geração, numa dinâmica particular, de forma inconsciente, bem automática, independente da vontade de cada envolvido no fato.

Uma vez identificado isso, a *psicomagia* entra em cena como um ato simbólico, dirigido ao inconsciente, com a intenção de sanar as repetições e liberar o indivíduo da responsabilidade e continuidade dos fatos. Na visão de Jodorowsky, para conseguir a "cura", isto é, ajudar a pessoa a ser quem ela realmente é, será necessário tomar consciência que ela é fruto de várias gerações e, desta forma, é essencial conhecer a herança material e espiritual da árvore genealógica. Para ele, a família é uma grande árvore mágica no interior de cada um. Por isso, a psicogenealogia representa o estudo da família "inconsciente". De certa forma, é possível dizer que é na raiz onde todos os nossos problemas se originam e onde todos os nossos recursos para a felicidade estão.

Ao olhar para a sua árvore genealógica a pessoa poderá perceber as projeções, identificações e repetições e, a partir da sua

---

[6] Ibid., p. 9.

observação, relacionar um ato psicomágico, que poderá representar para si um ritual para a cura de algo descoberto, evitando a repetição nesta geração.

Jodorowsky considera o movimento de descobrimento e redescobrimento através da "transgenealogia", um estudo de que tudo que afeta o corpo vem da alma e do espírito, e que tem suas origens nos antepassados.

Além deste, ele amplia a visão desta árvore e acrescenta o olhar do que ele chama de metagenealogia, que representa o aspecto simultâneo e complementar da árvore – tesouro e armadilha, os aspectos positivos e negativos dos antepassados, onde cada figura da árvore tem um lado luminoso e obscuro, dois campos de energia que podem ser opostas e complementares.

Ao aplicar os conhecimentos da Psicogenealogia, ele acredita encontrar a fonte do problema, mas estar ciente do problema não quer dizer que se está curado. Temos que agir, reforça Jodorowsky, por isso que ele usa rituais de psicomagia, que é o ato da cura, uma metáfora para o inconsciente, baseada também no *psicochamanismo*[7].

Na prática terapêutica, ele utiliza métodos simples durante a sua pesquisa, ou o que pode ser considerado de *ritual psicomágico*. Ele escuta atentamente o relato da pessoa, numa conversa informal, às vezes joga com interpretações de cenas simbólicas à história (vestígios da condição de dramaturgo e o psicodrama de Moreno), usa o Tarot de Marselha para a aplicação do desenrolar e constatação dos fatos (detectar eventuais problemas) e, enfim, faz um estudo detalhado da árvore genealógica, partindo de um ponto considerado o foco do estudo (trazido lá do Tarot de Marselha).

---

[7] *Psicochamanismo* são as práticas utilizadas pelos curandeiros (preferência aos povos indígenas). Não é nenhuma bruxaria ou esoterismo, mas tratamentos naturais específicos e racionais. Podem ser comprovados cientificamente após a conclusão dos procedimentos. É a forma de vida saudável cultuada pelo homem em busca da felicidade plena.

Na sua atuação ou nas consultas, ele faz questão de sempre repetir que a *psicomagia* é um ato simbólico que visa restaurar o inconsciente com a intenção de eliminar as supostas repetições e liberar a pessoa de armadilhas. Se estamos conscientes dos fatos, nos transportamos para a cura das doenças físicas e desequilíbrios emocionais ou de propriedade intelectual.

Para Jodorowsky, devemos assumir que os problemas e doenças que nós carregamos são "inconsciência". Fora disso ficamos na desinformação. Caímos na armadilha da "árvore"!

Nicolas Abraham e Maria Török

Conforme já mencionado, ao realizar a construção da árvore genealógica encontramos repetições de datas, de nomes, de fatos e de situações que nos levam a relacionar a história dos antepassados com a nossa. Nessas histórias identificamos a transmissão psíquica e a respeito desta Nicolas Abraham e Maria Török deixam suas contribuições.

Esses dois psicanalistas húngaros viveram e estudaram na França nos anos quarenta. Maria Török nasceu em 10 de novembro de 1925, em Budapeste, e morreu em Nova Iorque, em 25 de março de 1998. Nicolas Abraham nasceu em Kecskemet em 1919, emigrou para Paris em 1938, morreu em 1977. Eles se conheceram na renomada universidade Sorbonne em Paris e se tornaram companheiros. Ela, psicóloga formada no início dos anos 1950 nesta universidade, foi inicialmente conselheira psicológica em creches e membro da Sociedade Psicanalítica de Paris. Ele, um filósofo interessado na fenomenologia de Husserl.

Seus principais trabalhos foram produzidos nas décadas de 1960 e 1970, distanciando-se das correntes dominantes no movimento psicanalítico naquela época: a kleiniana e a lacaniana.

Estudaram a prática e a teoria psicanalítica, essencialmente, as noções ligadas ao trauma, como as seguintes:

- A teoria do fantasma – o segredo de família transmitido de uma geração a outra;

- A "doença do luto" – a impossibilidade do luto, por interrupções de elementos ligados à vergonha;

- Incorporação – identificação a um outro;

- A cripta – o enterro de uma vivência que não pode ser confessada, aceita (normalmente um segredo).

Com um olhar diferenciado sobre a origem do sofrimento psíquico, esse casal de psicanalistas pretendia a flexibilização da técnica psicanalítica e reformulações teórico-clínicas a uma nova figura com foco puramente psicológico, tendo como fundamento a introjeção e o trauma, cujas intersecções formam uma rede original e complexa, entre as quais destacamos aqui a "cripta" e o "fantasma".

Segundo esses pesquisadores, a teoria da cripta e do fantasma indica que nosso inconsciente é composto do inconsciente de nossos antepassados. As investigações sobre o luto (cripta) e a incorporação (fantasma) desempenharam um papel decisivo na renovação das perspectivas de estudo sobre a transmissão geracional ou o estudo da psicogenealogia.

Através do mecanismo de incorporação, surge esta nova configuração psíquica proposta por Maria Török e Nicolas Abraham: a cripta, representada pelo enterro ou por algo indizível, e o fantasma, que se origina a partir da cripta de uma outra pessoa, com base em uma situação real que ocasionou vergonha para a pessoa e/ou para a família, ou se origina no segredo de um ascendente que o descendente carrega sem saber.

Esse mecanismo de incorporação é essencial para identificar vários comportamentos e sentimentos que expressamos sem muitas vezes compreender a razão. É aqui que pode se encontrar a explicação para uma fase depressiva, para a dificuldade de falar em público, para a necessidade de estocar comida, para o medo de perder todos os seus bens materiais etc.

Para compreender os efeitos da cripta e do fantasma, bem como sua manifestação, é que Maria Török e Nicolas Abraham voltaram para a questão da transmissão psíquica. Eles entenderam que a vida psíquica é um trabalho permanente de elaboração das diferentes situações atravessadas pelo indivíduo.

Assim, se um antepassado foi privado de se alimentar, vivenciou uma situação de fome em algum momento da sua vida, como nas situações de guerra, de seca, de inundações, de prisões ou outras, o sentimento experimentado neste período deixa uma marca profunda na pessoa e essa é repassada aos seus descendentes de forma inconsciente.

O fantasma faz entrave desde o nascimento à constituição da criança como indivíduo único e indivisível, ou seja, uma relação de influência, seja ela positiva ou negativa, entre pais e filhos. Conforme o exemplo, o fantasma aqui pode ser percebido no medo inconsciente de ficar sem comida e ter a necessidade de estocar. Na maioria das vezes a pessoa age sem compreender o real motivo desse sentimento. Assim, o fantasma que assombra a vida da pessoa tem sua origem em alguma situação experimentada de um antepassado.

Em suas observações, Abraham define o fantasma como uma "invenção dos vivos", que objetiva, no modo alucinatório, individual ou coletivo, uma lacuna deixada em nós pelos segredos dos outros. Com base nos conceitos freudianos, eles relatam que por trás de um determinado sentimento ou de um desejo há algo contrário recalcado, e que poderá se manifestar sob forma de sintoma. Abraham e Maria Török se aprofundam na questão do segredo enterrado, trazem os traumas à tona e, após identificado, o tomam como um evento real na vida da pessoa.

Nesse estudo buscam a evolução harmoniosa da vida psíquica, trabalhando os obstáculos e suas impossibilidades sobrevindos em função de traumas "insuperáveis" e, principalmente, qual impacto na vida do indivíduo. Na clínica desses autores, o analista empresta sua função de elaboração para que o "traumatizado" possa reconhecer o sofrimento (os conflitos e os recalcamentos da infância) e assim fazer sua assimilação.

É essa noção que parece permitir uma articulação do mundo psíquico e de sua transmissão geracional.

Serge Tisseron

Psicanalista francês, iniciou seus estudos com a filosofia e em seguida estudou literatura na École Normale Supérieure, onde conheceu o surrealismo, que deu base para sua formação de desenhista. Mais tarde na sua trajetória acadêmica, estudou medicina e em 1975 defendeu uma tese utilizando-se de histórias em quadrinhos para discorrer sobre a história da psiquiatria. Exerceu a atividade de psiquiatra por nove anos, a partir de 1978. Após este período, lecionou psicologia na Universidade de Paris VII, foi diretor de Pesquisa da Universidade de Paris X-Nanterre e membro de várias sociedades científicas. Por solicitação do Ministério da Cultura e da Família, realizou de 1997 a 2000 um estudo individual e coletivo sobre os efeitos das imagens violentas em crianças de 11-13 anos. Dedicou-se ao estudo da adolescência, segredos de família, histórias em quadrinhos, jogos.

Seus estudos fazem com que ele seja consultado com frequência para falar sobre questões relacionadas à exibição de imagens. Atualmente suas pesquisas são mais voltadas às mídias e mídias digitais. Seu trabalho versa basicamente sobre três temas:

- As relações que as pessoas estabelecem com as imagens e mídias – fotografias, histórias em quadrinhos, telas de computador etc.;

- A maneira como as novas tecnologias mudam as relações entre as pessoas e com elas próprias;

- Os segredos de família – que podem estar na origem de problemas psicológicos.

Tisseron teve um grande reconhecimento ao desenvolver um estudo sobre a história do personagem "Tintim do Hergé"[8], no qual ele fala da importância dos segredos de família.

> *Os segredos em uma família, mesmo não ditos, podem criar entraves psicológicos importantes nas gerações posteriores[9].*

O estudo dos segredos de família de Serge Tisseron contribuiu para aprofundar o conhecimento da história familiar através das gerações, e dessa forma ele se inseriu na psicogenealogia e ampliou a compreensão dos impactos desses segredos na vida da pessoa.

Apoiado nas teorias dos psicanalistas Nicolas Abraham e Maria Török, ele defende a ideia de que os segredos em uma família, mesmo os não ditos, podem criar entraves psicológicos importantes nas gerações posteriores. A lei do silêncio leva ao sofrimento os membros da família. Esses segredos são acontecimentos ou situações marcantes sentidas dentro da família, tais

---

[8] Tintim é o personagem da história em quadrinhos *As aventuras de Tintim*, que representa um jovem repórter que viajava pelo mundo na companhia de seu cão Milu. Essa história foi escrita por Hergé, escritor belga, em 1929. Tintim foi inspirado num personagem anterior e em Paul, irmão de Hergé.

[9] TISSERON, Serge. **Les secrets de famille mode d'emploie**. Paris: Ed. Marabout, 1996.

como incestos, morte prematura, overdose, suicídios e outros, que podem denegrir a imagem familiar.

Para Tisseron, todas as famílias têm segredos, porém nem todos são nocivos. Eles atravessam gerações e tem três características: dissimulado, proibido de ser conhecido e de provocar sofrimento em algum membro da árvore. A intensidade da participação emocional dos pais no segredo que faz a sua gravidade. Ele diz que os segredos não criam sintomas específicos, podem apenas acentuar os sintomas que são produzidos pela própria pessoa. Inicialmente eles são criados como uma forma de proteção às crianças. Apesar da preocupação em escondê-los, as crianças, de forma inconsciente, percebem o não-dito. Primeiramente elas se acham culpadas, depois questionam se os pais fizeram algo do qual não podem falar por vergonha e, por fim, acham que estão imaginando, seguindo assim no caminho da dúvida, o que pode levar ao desenvolvimento de problemas.

Para compreendê-los é preciso entender primordialmente os efeitos que ele deixou no indivíduo e não a revelação do segredo em si. Libertar-se dos segredos de família seria requisito a toda psicoterapia[10].

Iván-Böszörményi-Nagy

Psiquiatra húngaro-americano nascido em 1920 na Hungria, desenvolveu a abordagem contextual de psicoterapia familiar e individual, envolvendo as dimensões individual, interpessoal, existencial e sistêmica da vida familiar. Foi reconhecido por tentar integrar a teoria psicanalítica à terapia familiar. Considerado pioneiro nos trabalhos de terapia familiar, ele traz a noção de ética nas relações, ou seja, o que podemos chamar de balança da

---

[10] Ibid.

justiça, isto é, um equilíbrio entre os méritos e benefícios com as obrigações nas relações interpessoais. A abordagem desse autor considera que a confiança, a lealdade e o apoio mútuo é que permitem a união familiar.

Conceitos como lealdade, lealdade invisível e parentificação fazem parte da abordagem contextual de Iván. A lealdade pode ser compreendida como uma força que regula o sistema e que envolve normalmente três pessoas: o que deve fazer a escolha, o que é preferido e o que não é preferido. Essa lealdade está presente na família, na história da família, na maneira como cada família estabelece os parâmetros permitidos ou não para cada um dos seus integrantes. São os valores e os mitos familiares que balizam as relações, e desta forma determinam quem faz parte ou não do sistema. Assim, quando um filho decide traçar um caminho diferente do padrão familiar, casa-se, por exemplo, com uma mulher de uma outra religião, ou de uma outra nacionalidade, pode ser percebido pela família como desleal aos valores aceitos nesse sistema, como se ele estivesse negando o que a família lhe concedeu.

Na abordagem contextual, Nagy cita que cada pessoa, ao nascer, recebe uma herança, um mandato, um legado, que vai ser o seu patrimônio, a partir do qual ela poderá transformar, criar algo novo no presente. Dessa forma, a pessoa passa "a ter a obrigação de pagar" o que foi recebido. Os conflitos de lealdades fazem parte da vida, visto que as expectativas transmitidas pelas famílias são diferentes. Cabe à família ajudar a resolvê-los ou considerar a escolha como uma traição. Quando as expectativas são vagas, a lealdade se manifesta de forma invisível.

Um outro conceito desenvolvido pelo psiquiatra é o conceito de parentificação. Esse conceito se refere ao processo em que a criança se torna pai de um dos pais ou dos pais. Ela assume uma postura de responsável pelo pai em questão. Existe uma inversão de papéis – em alguns casos pode-se chamar de "roubar a infância".

O pai se apresenta como filho, com comportamentos que não correspondem ao seu papel. Essa inversão desequilibra a ordem no sistema familiar e pode ter um peso muito forte no desenvolvimento da criança. Em alguns casos, sair desta situação pode parecer desleal ao sistema. No caso da criança, esta fica com o sentimento de culpa por não atender às necessidades do pai, que delega a ela as responsabilidades. Na vida adulta, o peso das responsabilidades da fase infantil pode marcar as atitudes e comportamentos dessa pessoa nas relações interpessoais. Ter extrema responsabilidade no seu ambiente de trabalho, procurar relacionamentos onde se sente totalmente responsável pelo outro, não conseguir brincar, ter um comportamento descontraído, são alguns dos exemplos que podem ser encontrados como resultantes deste fenômeno.

Didier Dumas

Psicanalista e escritor francês, faleceu em 2010 com 67 anos. Seguidor da escola de Françoise Dolto, especializado no trabalho com jovens, pode ser considerado também como um dos pioneiros da abordagem transgeracional. Realizou estudos sobre acupuntura, terapias orientais, xamanismo e taoísmo.

Fundou a associação *Jardins d'idées* em 1999, que teve suas origens num grupo de estudos iniciado em 1995, formado por médicos, psicanalistas, pedagogos, jornalistas e outros. As discussões desse grupo tinham por foco a saúde pública, psicanálise transgeracional, concepção holística da saúde, xamanismo e noção espiritual da vida.

Didier Dumas publicou livros que se tornaram referência, tais como *O Anjo e o Fantasma, A Sexualidade Masculina, A Bíblia e os Fantasmas* e *A Criança Cria o Pai*.

Influenciado pelo conceito de fantasma desenvolvido por Nicolas Abraham e Maria Török, Didier explica como pode se perceber o fantasma de uma geração a outra, demonstra como as "falhas" dos pais são obrigatoriamente transmitidas e suas ressonâncias transgeracionais. Para ele, as crianças sofrem as consequências dos não-ditos transgeracionais. Esse autor busca explicações para a frequência desses fatos no taoísmo, que foi objeto de seu estudo por algum tempo. Nessa filosofia chinesa o destino é mensurado por nove gerações[11].

Após a ideia de fantasma no transgeracional, ele introduz a noção de anjo. Para Didier, o anjo corresponde à figura de uma pessoa que tem um aspecto salvador, que ajuda a colocar em palavras e dar corpo ao fantasma. Alguém que pode ajudar o outro a identificar o fantasma transmitido nas gerações.

Esse autor considera que assuntos como a sexualidade e a morte são tabus no seio familiar. Por essa razão, ele defende que o seu trabalho sobre a psicose e neurose contribuem para que a sexualidade ocidental se torne mais consciente. A experiência clínica dele com psicose e neurose e os estudos orientais permitiram-no enxergar os limites e tabus da sexualidade ocidental, o que o leva a argumentar a necessidade de explorar mais a temática da sexualidade e da morte nas conversas familiares, provocando assim uma mudança de postura com relação à influência destes assuntos na transmissão transgeracional (sair da posição de fantasma a sensação do anjo protetor).

Apesar da nossa sociedade se considerar livre e a sexualidade aparentemente já não ser vista como tabu, os pais de hoje também não falam sobre o assunto, tal qual os pais de antigamente. Didier pressupõe que se possa falar de amor e de desejo, ao invés de somente explicar a reprodução e os diferentes riscos que se corre para que se tenha uma vida sexual mais equilibrada, o que poderia evitar a trasmissão dos fantasmas e disseminar o anjo[12].

---

[11] Informações retiradas do site <www.geneasens.com>. Acesso em: 4 set. 2016.

[12] DUMAS, Didier. **L'ange et le fantôme**. Introduction à la clinique de l'impensé généalogique.

Vincent de Gaulejac

Sociólogo nascido em Croissy-sur-Seine em 10 de abril de 1946, Vincent de Gaulejac é professor de sociologia na Universidade de Paris VII, onde fundou o laboratório de mudança social. Na vida acadêmica conduziu pesquisas voltadas à luta de "lugar", neurose de classe, as fontes da vergonha e, mais recentemente, romance familiar e história de vida.

Tem grande destaque nos estudos da psicodinâmica do trabalho – estudos sobre gestão do trabalho, ergonomia, saúde no trabalho... Autor de mais de 20 livros e vários artigos, desenvolve trabalhos na Europa, América do Norte e América do Sul.

É considerado um dos principais representantes da corrente da sociologia clínica, abordagem que pretende articular as dimensões sociais e psíquicas, focando na singularidade dos percursos e das experiências, usando as histórias de vida de cada pessoa para compreender a sua individualidade.

No papel de sociólogo, observa a constante tensão que vive o homem na sociedade moderna, que se encontra dividido pelo desejo de promoção individual e a necessidade de ser fiel à família. Com base nessa observação ele propõe o conceito de *neurose de classe*, que representa a sintomatologia de indivíduos que mudam de classe social. É a divisão entre o desejo de conquista social e a necessidade de se manter fiel às origens da família.

A neurose de classe, a disputa pelos espaços, a identidade negada, o romance familiar e a trajetória social fazem parte dos temas estudados por Gaulejac, que de certa forma representam uma mistura das reivindicações individuais e determinismos coletivos que surgem através da transmissão entre gerações de forma inconsciente.

Paris: Éditions de Minuit, 1985.

Segundo Gaulejac, "o indivíduo é o produto de uma história da qual ele quer ser o protagonista"[13].

A noção de histórias de vida remete a uma diversidade de práticas inscritas nos diferentes campos das práticas sociais, literárias, pessoais, de pesquisa e de intervenção nas ciências humanas.

O enfoque de Vincent de Gaulejac é a visão do impacto genealógico, que por sua vez se baseia no estudo que denomina romance familiar e sua identidade social, numa construção ou reconstrução, compreendida em três prováveis trajetórias:

- da sociedade ou identidade adquirida;

- da família ou identidade herdada;

- do indivíduo ou identidade esperada.

De Gaulejac defende a ideia das crises de identidade que se desenvolvem com diferenciação: a herdada é a origem social – a família, o pai e a mãe, os avós; a adquirida, o lugar do qual o indivíduo ocupa na sociedade atual; e a esperada é o lugar ou espaço sonhado, almejado, desejado.

Esse fator gerador de "explosões psíquicas" está diretamente relacionado com a grande diferença entre a origem social e a realidade em que vive, logo, entre a identidade herdada e a adquirida.

A neurose de classe nos faz balançar diante de situações onde existe a possibilidade de realizar os sonhos, onde o ideal pode se. transformar em realidade. Assim, esse conflito leva a pessoa a manifestar doenças, quando justamente ela tem condições de aproveitar os frutos do seu trabalho e tem sua vida financeira equilibrada. A neurose de classe se faz presente nas situações de morte, de acidentes, perdas... quando a pessoa começa a prosperar profissional-

---

[13] DE GAULEJAC, Vincent. **La Névrose de Classe**. Paris: Hommes et groupes, 1987.

mente, ou adquire a tão sonhada casa, terreno, viagem... situações que vão colocá-la num patamar diferenciado da sua origem social.

Esse conflito é uma forma de obediência à árvore – "lealdade invisível" aos familiares, legitimar o sofrimento na árvore, ficar solidário no sofrimento –, caso contrário, pode vir o sentimento de traição. Quando se perde, existe o sofrimento de algo não é preciso fazer esforço!

Uma outra forma de neurose de classe corresponde aos valores transmitidos: a pessoa só consegue ter sucesso justamente nas coisas que não gosta, o que ama de verdade não consegue realizar. Isto é uma forma de impedir sua felicidade e normalmente ocorre em casos onde os valores familiares consideram que o trabalho e prazer não caminham juntos, ou tem a noção que dinheiro não traz felicidade. Em casos desse tipo, ser fiel à árvore fala mais alto! Esse dilema leva a pessoa a questionamentos como: Qual seu lugar na sociedade? Qual família? Qual raiz? Alguma transmissão se fez presente? De onde veio? Para onde vai?

De acordo com Vincent De Gaulejac, num ponto de vista teórico e na noção utilizada por Freud, quando as crianças, em certos momentos marcantes de suas vidas desenvolvem um fantasma sobre suas origens, é o desencadear da chamada neurose de classes. Esse conceito de De Gaulejac permite identificar na psicogenealogia a visão sociológica.

No romance familiar, os não-ditos, as omissões, individuais ou coletivas, grandes ou pequenos segredos, os pactos familiares, inconscientes ou não – geralmente objeto de incesto, episódios de loucura, filhos ilegítimos, faltas impunes, algum crime e outros tantos –, também são considerados por De Gaulejac na compreensão da neurose de classe. Por detrás desses fatos se escondem um grande sentimento de vergonha, ressentimento, desejos de vingança, ódio ou coisa semelhante.

É quando o indivíduo se vê encurralado entre partes de si mesmo, identificadas com seus antepassados, estas percepções, na concepção de De Gaulejac, não necessariamente vêm acompanhadas pela vergonha ou culpabilidade. Elas não funcionam sob o mesmo registro psíquico. A culpa está relacionada com alguma coisa proibida que alguém faz e a vergonha com quem é. Na vergonha está algo eminentemente social.

A noção de continuidade ou de transmissão de alguma trajetória pode ser considerada uma forma ambígua de manifestação, às vezes acontecendo em trajetórias distintas de seus antepassados, afetando várias gerações.

Dessa forma, com esses questionamentos, remontando a três ou a quatro gerações passadas, que o indivíduo, segundo Vincent, encontra o caminho e luz para mudar sua trajetória atual, como prevenção a melhor perspectiva de vida.

Na contribuição ao estudo da psicogenealogia, esse autor afirma que a herança que recebemos quando nascemos nos marcará na hora de construirmos nossa própria identidade e influenciará no futuro social.

Chantal Rialland

Psicóloga e psicoterapeuta francesa, é autora do livro *A família que vive em nós*[14], atualmente com mais de 140 mil cópias vendidas. Formada na Universidade Paris VII (La Sorbonne), é presidente de honra da Associação Internacional de Psicogenealogia, AIP – França. Trabalhou como psicoterapeuta, psicogenealogista e professora na França, Suíça e Bélgica. Atualmente vive nos Estados Unidos, dá conferências, consultas e estágios de formação na cidade do Quebec. Faz parte da segunda geração

---

[14] Livro editado no Brasil pela editora Loyola em 1997. Também não teve continuidade de edição.

de psicoterapeutas que utiliza a ferramenta transgenealógica, embasando seus estudos em Alejandro Jodorowsky.

Em seus estudos, Chantal Rialland sugere que desde a nossa concepção nós somos objeto das projeções de nossa família. Inicialmente somos idealizados pelos pais, "imaginados" desde as qualidades, características físicas, sexuais, emocionais e intelectuais. De forma geral, essas idealizações são "inspiradas" nos integrantes da árvore genealógica ou nas pessoas que compõem o contexto familiar.

Na sequência, durante nosso crescimento e desenvolvimento, passamos para o processo de identificação que inicialmente se dá com os nossos pais, aprendemos com eles como é ser adulto, como é exercer o papel de homem ou de mulher, o que significa ser um casal e como é ter uma família, que representações construímos ao longo deste processo de identificação. Lembrando que toda essa construção pode expandir-se para outros membros da família, como avós, irmãos mais velhos, tios etc. As identificações estão relacionadas às características pessoais, profissionais, a forma de se portar e muitos outros comportamentos.

Para a autora, os pais ensinam os filhos da maneira que eles mesmos foram educados, assim, para nos conhecermos, é importante saber a relação que nossos pais tiveram com suas próprias famílias. Ou seja, os pais repetem o que aprenderam com seus pais e da mesma forma farão com seus filhos, formando um processo de repetição que pode mesmo existir sem a presença dos antepassados. Conforme menciona Chantal[15], mesmo a família não existindo mais tudo fica perpetuado em nós, na forma de qualidades e patologias, mas com possibilidades de cura.

Ao elaborar o genossociograma resgatando as histórias de família, conhecendo os integrantes da nossa árvore genealógica

---

[15] RIALLAND, Chantal. **Cette famille qui vit em nous**. Paris: Éditions Robert Lafont, 1994.

poderemos compreender que eles fizeram o que foi possível de acordo com o contexto que viviam, conforme a estrutura de vida e família que tinham naquele momento. Cabe lembrar que não é possível mudar o passado, mas sim mudar a forma que observamos e curar as sequelas que este passado deixou em nós[16].

Assim, a proposta da psicogenealogia, na visão de Chantal, é de ajudar a pessoa a ter consciência das influências que as raízes exercem em suas vidas, no seu interior. Ao entender isso, a pessoa poderá evitar o sistema do comportamento repetitivo do inconsciente. "Este é o trabalho maior da psicogenealogia: renascer!"

Nesse caso, a psicogenealogia pode ser percebida como uma abordagem que ajuda a pessoa a se libertar, com a finalidade de descobrir a sua verdadeira essência, aprender a amar e estar em paz consigo mesma. Para que isso aconteça, Chantal sugere que devemos exercitar o amor, pedir perdão por algum ressentimento, ódio, ou frustação que nos atormenta, vindos na forma de projeção dos avós, dos pais etc.

Com esse entendimento será possível livrar-se das angústias que sofremos sem razão aparente, do medo de vencer, das dificuldades de se valorizar, dos sentimentos de inferioridade, enfim, de uma série de sentimentos e comportamentos que carregamos sem compreender o motivo, ter consciência para evitar as repetições, as programações.

Na prática da psicogenealogia, Chantal trabalha em sessões inicialmente individuais e depois em grupo. Usa psicodrama, *gestalt* e análise transacional nessa reconstrução familiar. Em algumas situações ela sugere fazer uso do trabalho corporal, para ajudar a liberar energias bloqueadas. Ela valoriza o trabalho em grupo, considerando que este estimula a pessoa a compartilhar experiências similares.

---

[16] CHASSÉRIAU, 2006.

Bert Hellinger

Anton Suitbert Hellinger nasceu em 1925 em Leimen, Alemanha. De família católica, estudou filosofia, teologia e pedagogia. Serviu o exército e, após ser capturado na Bélgica e fugir para Berlim, tornou-se padre e missionário na África do Sul, onde atuou durante muito tempo na educação. Essa experiência de trabalho e a vivência com as tribos Zulus o fizeram perceber uma nova forma de apresentar a família e deu bases para o desenvolvimento da abordagem Constelação familiar. Nos anos 60, ele voltou à Alemanha e estudou Gestalt-terapia, psicanálise e, nos Estados Unidos, análise transacional. Na década de 1970, dedicou-se à psicoterapia e chegou à sua própria terapia sistêmica e familiar.

Em 1980, apresentou a abordagem terapêutica "Constelação familiar", um método de terapia familiar que permite identificar bloqueios e conflitos ativos nas relações de uma família. A técnica é realizada em grupo e consiste basicamente em colocar os participantes a representar os papéis e as interações do sistema familiar do cliente, no caso desta técnica chamado de "constelado". A partir dessa interação, em que os representantes dos familiares e do constelado realmente incorporam seus papéis, vivenciando os sentimentos e emoções de cada membro do sistema ali exposto, a pessoa que está "constelando" pode entender melhor sua dinâmica familiar e encontrar respostas a vários de seus questionamentos, ao identificar os bloqueios na árvore genealógica. A explicação fornecida aqui é apenas para tentar de forma breve responder ao leitor o que pode ser compreendido como constelação. Entretanto, esta técnica tem sido fortemente empregada em vários domínios e com diferentes recursos que cabe a você, leitor, de acordo com seus interesses, buscar maiores informações.

Bert Hellinger considera que muitos problemas, dificuldades e doenças das pessoas estão ligados aos membros anteriores do sistema familiar. Em seu trabalho com centenas de sistemas familiares, ele identificou que o reconhecimento do amor que existe no seio das famílias comove as pessoas e muda suas vidas.

A sua abordagem parte do princípio que o amor rompido em gerações anteriores pode causar sofrimentos aos membros posteriores de uma família, e para curar este sofrimento é preciso que os primeiros sejam relembrados. É desta forma que a Constelação se encontra com a psicogenealogia. Ambas abordagens buscam a compreensão das dificuldades da pessoa resgatando a história familiar, procurando identificar como as relações se construíram e se desenvolveram na trajetória da pessoa face ao seu contexto familiar.

Na técnica da constelação a pessoa representa um "nó", um conflito do seu sistema familiar, conflito este que pode ser identificado durante a construção da árvore genealógica, o genossociograma da psicogenealogia. Assim, a constelação pode ser vista como uma fotografia dos "nós", ou seja, dos conflitos identificados na árvore familiar.

Bert é autor de vários best-sellers na Alemanha, possui inúmeros livros em sua bagagem e teve o livro *A Simetria Oculta do Amor* como o primeiro a ser publicado no Brasil. Dentre suas atividades profissionais encontra-se o trabalho desenvolvido com os sobreviventes do holocausto e suas famílias. Atualmente, ele ministra workshops em vários países sobre sua abordagem e a prática. Nestes, Hellinger demonstra, com ajuda dos participantes, como o amor pode ser transformado em uma força que cura.

CAPÍTULO 3

CONCEITOS

Depoimento integrante do grupo de 2014

Para mim, o processo de autoconhecimento através da PSICOGE-NEALOGIA preencheu de forma surpreendente outras técnicas que venho buscando no meu processo evolutivo, como: treinamentos, leituras, palestras, coaching e terapias.

A PSICOGENEALOGIA me fez voltar nas minhas raízes e entender melhor meus traumas, dores, repetições, bloqueios e tomar a consciência de que é possível, sim, convivermos com tudo isso, de forma mais evoluída e madura! Entender e aceitar a influência da nossa família e principalmente das gerações passadas, a força dos padrões, crenças mentais e comportamentais no meu dia a dia. Esse entendimento e aceitação foram fundamentais para a minha evolução. Hoje tenho mais orgulho do meu passado, fizemos as pazes! Foi muito significativo e transformador. Fez toda a diferença para a minha evolução espiritual e emocional.

Enfim, poder seguir em frente com as novas escolhas é simplesmente incrível, e nos dá uma sensação de poder (responsabilidade) e clareza (consciência) que são fundamentais para a nossa existência.

Gratidão eterna, Monica Justino, pois através da PSICOGENEALOGIA você fez com que eu me permitisse novas possibilidades de traçar um futuro diferente, porém mais equilibrado e mais feliz!

Iara Raimar, grupo 2014

Florianópolis, maio 2016

Neste capítulo serão apresentados alguns conceitos básicos para o estudo da psicogenealogia. Como já dito anteriormente, esta abordagem se utiliza de conceitos da psicanálise, da teoria sistêmica e outros.

Transgeracional

Para compreender o termo transgeracional vale lembrar que o prefixo *trans*, na língua portuguesa, tem sentido de através, além de. Assim, transgeracional pode significar através das gerações, além das gerações. Contudo, encontra-se com mais frequência o termo intergeracional, que significa entre gerações, o que ocorre entre duas ou mais gerações. Feita a observação, vamos passar para a compreensão do transgeracional na psicogenealogia.

O conceito transgeracional coloca em evidência a transmissão psíquica entre as gerações e pode ser compreendido como a transmissão de conteúdo das gerações passadas à geração presente – conteúdos que se manifestam como influências psíquicas entre as gerações e na maioria das vezes são passados de forma inconsciente.

A ideia da transmissão transgeracional não é nova! Freud, em seu livro *Totem e Tabu*, cita a transmissão de conteúdos inconscientes passados de geração a geração. Nesse livro, ele explica que o fundamento do tabu é uma ação proibida, logo, sua transmissão será na maior parte das vezes realizada de forma inconsciente. Para o pai da psicanálise, é o superego o responsável por esta transmissão, visto que é nele que repousa o que é permitido e o que é proibido. É no superego que nasce o sentimento de culpa, esta instância transporta as heranças culturais e sociais, o inconsciente familiar e seus ideais.

Cada família, conforme sua vivência e sua história, possui informações conscientes que permite e deseja transmitir – são as qualidades, as virtudes, as habilidades, aspectos considerados por esse grupo familiar como positivos. Na transmissão consciente, incluem-se ainda as transmissões materiais como as posses, a herança, as joias, as transmissões simbólicas, o status, o conhecimento, o nome de família. E ainda, a educação, a cultura, o reconhecimento social. Entretanto, como já dito anteriormente, nem todos os conteúdos transmitidos são conscientes e desejados, muitas vezes estão no campo do proibido, do não-dito.

Nossa vivência permite perceber que toda família possui segredos, segredos que ficam guardados por determinados membros do grupo familiar e que podem ser ou não transmitidos de forma consciente. Quando essa transmissão acontece de forma natural, numa boa conversa, com perguntas, respostas e compreensão, estes assuntos transformam-se em aprendizado e favorecem o entendimento entre os familiares, permitindo aos descendentes aprofundar o conhecimento da família. Entretanto, na maioria das vezes, não é bem assim que as informações são repassadas – o segredo, como diz o dito popular, "é mantido a sete chaves". Percebe-se isso nas histórias que a família prefere não comentar, não tocar no assunto; as respostas são vagas, sem fundamento e, por vezes, motivo de discórdia entre os presentes.

Mas, o que causa tanto mistério? Certamente, não é nenhum ato heroico de um avô nem a fama de boa cozinheira de uma avó, mas situações familiares que foram vividas e sentidas como vergonhosas, como, por exemplo, um antepassado que roubava, ou um caso de alcoolismo, assassinato ou, ainda, um casamento forçado por gravidez antecipada. Enfim, a lista pode ser extensa. São os acontecimentos que originam o sentimento de culpa, de dívidas, de vergonha, os sonhos e desejos interrompidos, que vão se transformar no famoso "segredo guardado a sete chaves". E, dessa forma, os descendentes ficam sem respostas, "alienados", vivendo como marionetes presos a uma fantasia/fantasma inconsciente, sem poder viver integralmente a sua realidade.

As situações, sejam elas conscientes ou inconscientes, direcionam a forma de cada membro do grupo familiar enxergar o mundo. Os acontecimentos, positivos ou negativos, dão possibilidades de compreender a herança, os valores e os mitos do grupo familiar. São essas situações consciente ou inconscientes que formam a singularidade de cada família e constituem a base do nosso psiquismo.

A compreensão do transgeracional pode ser aprofundada nos escritos de Ivan Böszörményi-Nagy, Maria Török, Nicolas Abraham e terapia sistêmica.

Síndrome de aniversário

O conceito de síndrome de aniversário utilizado na psicogenealogia é decorrente das constatações da prática clínica de Anne Ancelin durante o desenvolvimento dos trabalhos do genossociograma dos pacientes. Ela identifica repetições de datas de acontecimentos significativos como nascimentos, mortes, acidentes, casamentos etc., relacionados com outros eventos também representativos na história do indivíduo. "O inconsciente tem boa memória, ama os laços familiares e marca os eventos importantes do ciclo de vida por repetições de data ou idade"[1].

Além das constatações da sua prática clínica, é preciso mencionar o trabalho da psicóloga, psicanalista, psiquiatra e professora Josephine Hilgard, que pesquisava, nos anos 50, nos Estados Unidos, a relação do desenvolvimento de patologias e as idades dos pacientes e seus pais, estudo que ela denominou de "Reações de aniversário", visto que pacientes desenvolviam neuroses, psicoses em datas correspondentes à morte de um de seus pais ou ainda, quando um filho atingia a idade que eles tinham

---

[1] SCHÜTZENBERGER, 2001, p. 84.

quando perderam um de seus pais. Essas pesquisas também serviram de base para Anne Ancelin desenvolver esse conceito de Síndrome de aniversário

Para muitos, estas repetições são apenas coincidências. Anne fala de reações aos aniversários como uma síndrome – *síndrome de aniversário* –, ou seja, uma forma que o inconsciente encontrou para relembrar uma data que foi marcante para a família. Nesse caso, a síndrome de aniversário seria, segundo Anne, uma expressão do inconsciente transgeracional familiar e social.

Essas repetições podem ser consideradas como uma forma de manifestação do inconsciente, que impulsiona a repetição de novos eventos em datas já vivenciadas por outra pessoa da família em um dado momento. Assim, a data da perda de um familiar pode, anos depois ser relembrada com a manifestação de uma doença, de um acidente ou outro evento, na mesma data ou na mesma idade em que o primeiro fato ocorreu, como se o indivíduo tivesse que marcar de forma inconsciente essa perda. Aqui, pode-se citar o caso do político Eduardo Campos, que faleceu em 13 de agosto de 2014, num acidente de avião, demarcando a mesma data de morte de seu avô, em 13 de agosto de 2005. Outro exemplo que pode ser mencionado aqui é a data de morte do ator Paulo Gustavo, que aconteceu no dia 04 de maio de 2021, às 21h12, exatamente a mesma data e hora que estreou a peça teatral que foi um marco na sua carreira, "Minha Mãe é uma Peça", fato que reforça a força do inconsciente que resgata dia e hora de um evento significativo na vida do ator.

Ainda para ilustrar esse conceito de síndrome de aniversário, pode-se fazer referência a data de morte da cantora Elza Soares que falece aos 91 anos, no dia 20 de janeiro de 2022, exatamente a mesma data de morte de Garrincha - 20 de janeiro de 1983, trinta e nove anos após o falecimento dele. Essa repetição pode ser compreendida como uma forma de relembrar o quão significativo ele foi na vida dela. Como cita Anne Ancelin, o inconsciente ama os laços familiares e relembra os eventos por data ou idade.

Nos escritos de Nathalie Chassériau[2], ela cita que cada indivíduo tem um ciclo de memória de luto, que se reativa a cada período de aniversário da perda de um ente querido, de uma separação indesejada ou de qualquer outro evento traumático. Para a autora, esses períodos seriam marcados por uma fragilização física e/ou psíquica, evidenciados por uma gripe, um cansaço, uma fase depressiva repetindo-se a cada ano, demarcando a data de aniversário do fato marcante para o indivíduo, sem que seja por ele percebido. Situações, estas, muitas vezes vistas como coincidências, podem esconder uma lealdade invisível aos acontecimentos familiares. Anne Ancelin relembra aqui o caso de crianças de substituição[3] (*enfant de remplacement*) que nascem na data da morte ou de nascimento de um avô, de um bebê, de um outro filho ou parente querido para o qual o luto ainda não foi totalmente feito. Assim, a construção do genossociograma permite ao indivíduo colocar em evidência as datas de aniversário da árvore genealógica e identificar as repercussões que as mesmas podem ter na sua trajetória e, finalmente, buscar libertar-se da síndrome de aniversário.

Lealdade familiar

O conceito de lealdade familiar está relacionado com o de justiça familiar, também é encontrado como lealdade invisível. Ele foi desenvolvido pelo psicanalista Ivan Böszörményi-Nagy.

---

[2] CHASSÉRIAU, 2006, p. 69.
[3] SCHÜTZENBERGER, 2001, p. 85.

Como citado anteriormente, esse conceito traz a ideia de que cada pessoa possui uma conta subjetiva do que fez e recebeu no passado e no presente e do que ela receberá e dará no futuro. Para cada família existiriam regras de lealdade e um sistema de contas inconscientes que fixariam o lugar e o papel de cada um e suas obrigações familiares. Anne fala de contas de família: "o que recebemos de nossos pais, daremos a nossos filhos".

Resumidamente, esse conceito pode ser explicado como a forma que o indivíduo encontra para acertar "as contas" da família. O indivíduo depende de seu ambiente para sobreviver. E para não ser excluído, ele se mantém "pagante" da família. É uma dívida de vida, como um "agradecimento" e, de forma natural, ele procura defender a família e seus familiares. Assim, torna-se respeitador, fiel e obediente às leis, às regras, aos compromissos, às crenças e aos valores da família.

Esse movimento natural e inconsciente permite perceber o quanto os valores transmitidos na família conduzem a forma como cada indivíduo age no seu cotidiano.

Os conflitos de lealdade quase sempre aparecem quando existem escolhas a fazer entre as aspirações pessoais e as dívidas à família. São esses conflitos que na maioria das vezes aprisionam a pessoa e a limitam de se desenvolver livremente e seguir seu caminho sem estar vinculado à sua árvore familiar. Aqui pode ser lembrado também o conceito de neurose de classe, comentado no capítulo anterior ao falar das contribuições de Vincent de Gaulejac.

A lealdade pode ocorrer nas situações de escolha, em que o indivíduo poderá optar pelo seu desejo, suas aspirações ou seguir os passos da família, como, por exemplo, a escolha de uma profissão diferente da tradicional da família pode ter um forte impacto na trajetória pessoal. A proibição aparece de forma inconsciente e pode se manifestar por decepções na carreira escolhida, falta de sucesso etc. Em muitos exemplos familiares percebemos situações em que o indivíduo não se permite escolher a profissão para não se sobressair frente a seus familiares, ou para não realizar aquilo que alguma figura marcante da sua árvore não conseguiu realizar anteriormente, assim ele se mantém fiel ao *status quo,* seguindo as regras e os valores familiares. Em contrapartida, a mesma escolha pode estar direcionada a suprir este desejo familiar. Nesse caso, a busca da realização pode representar uma forma de compensar a família, de dar ao clã aquilo que até então não foi possível ser suprido.

Quando o indivíduo, de forma inconsciente, se identifica com um ascendente da sua árvore genealógica e se direciona a corrigir "os erros" por este vivenciado, encontramos aí um caso de lealdade familiar. Aqui se pode citar outra vez o caso do político Eduardo Campos, que faleceu três dias depois de completar 49 anos, em 10 de agosto de 2014, idade que corresponde à mesma idade que seu avô completaria no ano em que Eduardo nasceu. Ora, esse dado pode indicar uma lealdade familiar, pois o político estava se preparando para disputar as eleições presidenciais, fato que o colocaria "à frente" das conquistas de seu avô, que chegou por três vezes ao governo de Pernambuco e não à presidência!

Uma outra forma da lealdade se fazer presente é o sucesso em atividades onde não se sente prazer. A pessoa só consegue um bom retorno em atividades que ela não gosta de desenvolver, ou seja, é uma forma inconsciente de "concordar" com a família que a opção escolhida era a boa, o bom caminho que em muitos casos é dito pelo grupo familiar de "a escolha certa". São as escolhas que nos obrigamos a realizar para satisfazer o desejo da família. Como exemplo pode-se citar pessoas que escolheram seguir a profissão tradicional da família sem gostar, mas simplesmente para agradar e não ser uma exceção.

Além dessas, ainda existem escolhas pessoais que nós nos proibimos de realizar porque pertencem a figuras marcantes da nossa árvore genealógica, que também não tiveram a possibilidade de fazer. Como se tornar um médico se isso era o sonho do pai que não conseguiu realizar. Essa lealdade pode aparecer em boicotes para prestar uma prova, fazer boa parte do curso e desistir quase no fim. Inconscientemente a pessoa não se permite conseguir – ser leal é mais importante!

Paola Del Castillo[4] traz um exemplo de fidelidade de abandono com a história do poeta Arthur Rimbaud:

> *O bisavô de Arthur Rimbaud abandonou seu filho, o avô de Arthur, quando ele tinha seis anos. O avô teve um filho, o pai do Arthur. O pai do Arthur era militar, e encontrou um meio de sair definitivamente da vida conjugal quando Arthur, seu filho, completou seis anos. O abandono se repetiu no aniversário do centenário do primeiro abandono, na quarta geração. Rimbaud, de acordo com nosso conhecimento, não teve filhos: a solução inconsciente para não reproduzir o abandono de pai para filho.*

A lealdade à família é forte, é uma forma de tornar-se "invisível", não explícito na teia familiar.

Síndrome do Gisant

O conceito de síndrome do Gisant foi desenvolvido pelo Dr. Salomon Sellam e apresentado em seu livro *Le Syndrôme du Gisant – un subtil enfant de remplacement*, em 2001. Nesse, ele descreve a influência da memória transgeracional na árvore genealógica e as características gerais do Gisant.

Gisant pode ser definido como um indivíduo que representa uma memória transgeracional relacionada a uma morte considerada "injusta/injustificável", morte que não pôde ser aceita pela

---

[4] DEL CASTILLO, Paola. **Le grand livre de la psychogénéalogie**. Aubagne: Ed. Quintessence, 2005, p. 258.

família, como em casos de morte de crianças, de jovens, em acidentes, doenças, ou outra que não tenha permitido a pessoa completar as etapas da vida, um luto não feito. Conforme descrito no livro[5], Gisant representa o "que está estendido, imóvel, se utiliza como nome masculino para designar uma estátua representando um morto estendido".

O Gisant é alguém que de forma inconsciente procura restaurar um drama vivido anteriormente na família, drama relacionado a uma morte injusta/injustificável. Segundo Salomon Sellam, quando isso acontece, significa que a pessoa foi a "escolhida"[6] pela família para administrar essa memória. Isso ocorre de forma inconsciente. Por amor, o indivíduo se encarrega dessa tarefa e pode corrigir esse drama de diferentes maneiras: pela profissão, pelo casamento, por uma doença, um problema de comportamento etc.

Para exemplificar essa síndrome e tornar a compreensão do leitor mais clara, relato na sequência um exemplo descrito por Salomon Sellam[7], que traz um caso ocorrido no fim do século XIX na França, em que uma família com três filhos teve dois deles atacados por lobos. As crianças morreram, ficaram com os corpos desfigurados e irreconhecíveis. O filho que sobreviveu a esse acidente, na idade adulta, tornou-se açougueiro especializando-se no corte de carnes. Na geração seguinte, o filho mais velho escolheu a profissão de alfaiate, especializando-se na confecção de roupas sob medida para homens. Na terceira geração, o bisneto foi médico especialista em cirurgia plástica reparadora e reconstrutora, e a irmã deste foi proprietária de uma loja de roupas de couro e pele. Esse caso exemplifica pela atividade profissional como a memória transgeracional é repassada e res-

---

[5] SELLAM, Salomon. **Le Syndrôme du Gisant** – um subtil enfant de remplacement. Paris: Editions Bérangel, 2007, p. 41.

[6] Ibid., p. 23.

[7] Ibid.

taurada, o Gisant, de forma inconsciente, tentar amenizar o sofrimento desse drama ocorrido em gerações anteriores.

Para Salomon Sellam, a Síndrome do Gisant é como a restauração automática transgeracional de uma ou de várias mortes injustas/injustificáveis, mortes ou perdas que não foram superadas, e que podem ter como consequências dessa restauração a manifestação de doenças orgânicas, psicológicas, psíquicas, um mal-estar, ou ainda, um resgate por uma atividade profissional, um hobby etc.

O Gisant pode ser alguém da mesma geração em que o drama ocorreu. Nesse caso, pode ser uma criança de substituição – casos em que um bebê morre e logo em seguida um outro filho pode vir para substituí-lo –, ou Gisant vertical, que nasce nas gerações futuras para restaurar o acontecimento.

Sellam explica que a impossibilidade de realizar o luto reforça na vida familiar a memória do falecido, e o Gisant muitas vezes tem a tarefa de trazer de volta para casa este "indivíduo", seja fazendo um ou buscando no ambiente externo alguém que possa substituir este ente querido que desapareceu de forma injusta/injustificável. Essa substituição pode ser observada por datas de nascimento, nome, escolha profissional e outras.

Logo, para ajudar nesta identificação, Salomon Sellam diz que o indivíduo encarregado de representar o Gisant possui características que se evidenciam no seu comportamento, dentre elas: costume de se vestir preferencialmente de preto, ser friorento, falar baixo, ter por hábito ouvir músicas calmas com som em baixo volume, como uma forma de não se sobressair. Ele ainda enfatiza que em alguns casos eles não se autorizam a viver, a ter prazer, como uma forma de continuar fiel ao drama. Do mesmo modo, algumas falas podem ser consideradas como típicas do Gisant: "Eu tenho a impressão de não viver minha própria vida"; "Parece que existe um outro dentro de mim". Além dessas características, ainda é possível identificar o Gisant pela manifestação de algumas doenças, como é o caso da diabete, que simbolicamente pode representar a reserva de açúcar para duas pessoas, as paralisias – estar imóvel como o falecido –, alguns casos de depressão, esquizofrenia, sobrepeso etc.

No estudo da árvore genealógica, de acordo com Sellam, ao realizar o genossociograma, o Gisant pode ser encontrado por uma representação simbólica, ou seja, a programação inconsciente, evidenciada pela relação entre as datas. Essa data é chamada de Ponto G – data obtida acrescentando nove meses à data de nascimento, considerando um intervalo de sete dias para mais e para menos. Essa data representa o período de uma gestação simbólica, onde o Gisant vai encontrar simbolicamente o falecido, isto é, vai estar ligado a ele, seja por volta da data de nascimento, de concepção, ou da morte deste. Exemplificando, uma pessoa nascida no dia 19 de maio vai ter seu ponto G no dia 19 de fevereiro, logo, ao fazer a sua árvore genealógica, poderá identificar as pessoas que nasceram, morreram ou foram concebidas neste período. Assim, a pessoa que nasceu no dia 19 de maio pode, de forma inconsciente, estar vinculada à história da pessoa que tem uma das suas datas em 19 de fevereiro. Cabe lembrar que tudo depende do contexto e da história de cada pessoa, ao tentar relacionar as datas é preciso identificar o que faz sentido na história da pessoa.

Para Sellam, existem sete possibilidades de vínculo que o Gisant pode fazer. Em casos que ele considera "conscientes", como é o clássico caso da "criança de substituição" – falta alguém –, substitui-se de dois modos: a data de nascimento do Gisant corresponde à data de morte do falecido (DN = DM), logo, a pessoa que nasceu no dia 19 de fevereiro encontrará na sua árvore quem morreu nesta data, simbolicamente pode ser compreendido como: ela toma o lugar dele no momento onde ele deixa "a terra". Outra possibilidade é a data de nascimento do Gisant igual à data de nascimento do falecido (NG = NF), ou ainda a data de concepção do Gisant corresponde à mesma data de concepção do falecido (CG = CF). Nesses dois casos a representação simbólica é o "desejo de refazê-lo" desde seu nascimento, desde sua concepção. Essas duas possibilidades mostram a intenção de substituir o falecido. Segundo Sellam, as pessoas ligadas a um drama guardam na memória as datas de nascimento e morte do falecido.

As outras cinco possibilidades ele chama de Casos inconscientes – programação de um substituto transgeracional. Exemplos: a data de nascimento corresponde à data de concepção do falecido (NG = CF / PtG = NF) – que simbolicamente representa o desejo de refazê-lo inteiramente de A a Z. Segunda (CG = NF) e terceira possibilidade (CG = DM): data de concepção corresponde à data de nascimento do falecido ou a data da morte deste. Nas possibilidades seguintes, ele se refere ao ponto Gisant, isto é, nove meses após o nascimento (PtG = CF) e (PtG = DM). Segundo ele, essa relação evidencia essencialmente o inconsciente transgeracional. Programar a data de nascimento de uma criança, e colocar mais nove meses para que essa nova data corresponda exatamente à do nascimento, da concepção ou da morte de alguém que nós não conhecemos.

Conforme seus estudos, Sellam identificou que a maior parte dos vínculos, 62% dos casos, corresponde à relação entre a data de nascimento do Gisant com a data de morte do falecido (NG = MF).

De modo geral, essa síndrome é resultante do que o próprio Sellam menciona: uma fidelidade familiar inconsciente[1], ou seja, a dificuldade de fazer um luto leva para as gerações seguintes esse mesmo mandato – "honrar o falecido", impedindo aos descendentes de seguir seus caminhos.

---

[1] SELLAM, 2007, p. 61.

CAPÍTULO 4

DA FRANÇA AO BRASIL

Depoimentos de integrantes do grupo de 2014

A Psicogenealogia entrou em minha vida num momento mais difícil, a morte de minha mãe. Estava num processo pesado e de difícil compreensão quando conheci a Monica da Silva Justino e tudo o que poderia envolver a árvore genealógica e processos inconscientes nela instalados.

Com meses de encontros, estudos e aprofundamento, estou cada vez mais entusiasmada em continuar as novas descobertas e cada vez que abro minha árvore em nosso grupo de estudos, algo vem à tona, parece que cada vez mais estou pronta a me descobrir, me aceitar. Ter compaixão com as histórias vividas na minha família, praticando o não julgar e o não criticar, e sim olhar para eles com olhos de ternura, compreensão, gratidão e muita compaixão pelos antepassados e suas estórias ditas, não ditas, caladas, julgadas, abafadas, secretas, imigratórias, estórias difíceis de guerras, fome, morte, etc.

Agradeço imensamente aos iniciantes dessa técnica, juntamente com a constelação familiar e a Monica da Silva Justino. Diria que hoje estou cada vez mais avançando na busca pelas minhas raízes para que possa voar cada vez mais alto. É enraizando que se cria asas!

Andréa Coneglian, grupo 2014

Florianópolis, 23 de maio de 2016

A Psicogenealogia despertou em mim o interesse e a curiosidade sobre a vida, os conceitos, valores e influências dos meus antepassados.

Comecei a pesquisa sobre eles e assim estou descobrindo a importância dos fatos, situações e datas referentes à vida de cada um. Passei a entender, compreender os comportamentos dos familiares, principalmente da minha geração, a razão de atitudes e comportamentos que se repetem. O que fazer com estas informações? São subsídios que me fazem compreender principalmente a minha vida, minhas opções e isso é maravilhoso. Em consequência posso contribuir para um melhor entendimento e agregamento familiar.

Dalila, grupo 2014

Florianópolis, maio 2016

O caminho da psicogenealogia e a psicogenealogia no Brasil

Como já mencionado anteriormente, a psicogenealogia está associada aos trabalhos da psicóloga Anne Ancelin, mais especificamente aos trabalhos realizados com pacientes oncológicos e suas famílias nos anos 1975-1980. Segundo Anne, é nesse período que ela "batizou" as observações da transmissão transgeracional no estudo da árvore genealógica de *Psicogenealogia*[1].

Coincidência ou não, Alejandro Jodorowsky também mencionou a palavra *Psicogenealogia* para falar do trabalho que desenvolveu sobre árvore genealógica. Essa "coincidência" foi identificada por uma aluna de Anne.

Até agora, não se tem como comprovar quem realmente utilizou o termo pela primeira vez – Anne Ancelin ou Alejandro Jodorowsky? Alejandro Jodorowsky afirma que foi ele quem formulou o termo inicialmente e o primeiro a utilizar nos anos 1980[2]. Com certeza uma abordagem com pai e mãe!

A dedicação ao assunto e o trabalho de ambos autores permitiu a disseminação dessa abordagem na França. Eles foram os precursores de cursos de formação em psicogenealogia, expandindo, cada qual à sua maneira, as interpretações do inconsciente familiar. Em 1988, com a publicação do livro *Aïe, Mes Aïeux!*, o tema popularizou-se e, após esse período, vários livros foram publicados sobre o assunto por autores das mais diversas formações. Cresceu então o interesse pelo tema, o que impulsionou o aparecimento de cursos de formação em diferentes regiões na França.

A psicogenealogia se desenvolve como uma abordagem que pode auxiliar na compreensão da história do indivíduo, agregando conceitos de outras vertentes teóricas, como a teoria sistêmica, psicossociologia, psicanálise, sociologia clínica etc.

---

[1] SCHÜTZENBERGER, 2001, p. 77.

[2] JODOROWSKY; COSTA, 2011, p. 9.

Nathalie Chassériau, jornalista especializada no desenvolvimento pessoal, considera a psicogenealogia[3] como uma disciplina complexa que pode auxiliar a pessoa a ter consciência das suas "bagagens genealógicas".

Em 2006, quando tive contato com a psicogenealogia, a abordagem deixou-me intrigada. Não conseguia identificar como "montar" a árvore genealógica poderia ajudar e ter uma função terapêutica! É claro que após concluir uma tese em criatividade, onde tudo deveria ter um embasamento científico, era difícil chegar a esta compreensão. Sem pesquisas, sem artigos, como conseguir respostas para os questionamentos? Como comprovar a veracidade do novo que se apresentava?

Felizmente, a estadia na França, em 2006, concedeu-me a oportunidade de fazer um curso de formação em Psicogenealogia, credenciado pela Association Internationale de Psychogénéalogie, em Lyon. Assim, aos poucos, fui conhecendo o tema, construindo minha árvore genealógica e ampliando a leitura da nova abordagem. Em pouco tempo o tema tornou-se apaixonante e logo veio o interesse de trazer o assunto para a prática clínica no Brasil.

Com apoio da internet e após algumas buscas no Google foi fácil identificar que não havia nada de Psicogenealogia no Brasil na época (2006). Assim, para continuar os estudos e responder aos meus questionamentos, eu necessitava de leitura! Muita leitura!

Após os fins de semana do curso de formação em psicogenealogia em Lyon, o retorno foi com muitos livros na mala e, em agosto 2007, ao iniciar a leitura do livro *Psychogénéalogie rélation à l'argent et réussite*[4], de Marie Noëlle Maston Lerat, procurei novamente alguém no Brasil que pudesse falar sobre o tema e, para minha surpresa, eu encontro o nome da autora

---

[3] CHASSÉRIAU, 2006.

[4] MASTON-LERAT, Marie-Noëlle. **Psychogénéalogie rélation à l'argent et réussite**. Aubagne: Ed. Quintessence, 2006.

desse livro anunciado em um programa de TV na cidade de Santos, São Paulo. Coincidência ou não, entrei em contato com a apresentadora e pouco antes da emissão consegui falar com Mme. Marie Noëlle, que foi muito receptiva e logo se dispôs a ajudar na divulgação da Psicogenealogia no Brasil. Mantivemos contato e em janeiro 2008, momento em que finalizei a formação em Lyon, fui conhecê-la em Nice, na França, para ajustar detalhes do primeiro evento de Psicogenealogia no Brasil, que foi realizado em fevereiro de 2008 em Florianópolis. Foram dois dias de evento, organizado por Emanuele Paladini e por mim, e conduzido pela psicóloga Marie Noëlle, que abordou o tema em palestra e workshop.

Participaram do evento professores de naturologia, psicólogos, pedagogos, administradores, naturólogos, estudantes de psicologia, naturologia e fisioterapia, fonoaudiólogos, engenheiros e outros. A realização do evento impulsionou a construção do site www.psicogenealogia.com.br, que esteve sob minha coordenação e em funcionamento de junho de 2008 a novembro de 2012, com a finalidade de divulgar a psicogenealogia no Brasil e ser um canal de respostas para os interessados no tema.

Como a repercussão do assunto foi positiva, em 2009 iniciou-se um grupo de estudo em psicogenealogia, formado por interessados na "nova" abordagem e na construção da sua árvore genealógica. Esse grupo foi frequentado por Marilza, Antonio, Emanuele, Bel e Carolina, que estudaram e ampliaram o tema da transgeracionalidade passando por Freud, Jung, Bert Hellinger, Vincent de Gaulejac, Anne Ancelin, Alejandro Jodorowsky, Didier Dumas, Serge Tisseron, Maria Török, Nicolas Abrahan e Ivan Böszörményi-Nagy.

Em meio a muitas leituras, discussões, lanches, questionamentos e muitos risos, o grupo foi fundamental para dar o apoio e estímulo para construção deste livro e contribuir com a divulgação da Psicogenealogia no Brasil.

Neste imenso país, disseminar um novo olhar sobre as histórias familiares não é uma tarefa simples, mesmo com as facilidades do mundo virtual.

De agosto de 2007 até o presente, a psicóloga francesa Marie Noëlle, em várias passagens por diferentes regiões do Brasil, contribuiu com essa divulgação.

Nos anos de 2012 e 2013, a psicogenealogia foi apresentada em palestras para pequenos grupos em Florianópolis. Em paralelo a esse trabalho, iniciou-se grupos de estudo e vivência para construção do genossociograma, com encontros temáticos voltado para compreensão de nomes, datas, profissões, doenças, casamentos, heranças, sob olhar da psicogenealogia.

Aproveitando as redes sociais como ferramentas de divulgação, construiu-se em outubro de 2011 uma página para Psicogenealogia no Facebook (https://www.facebook.com/Psicogenealogia-265978553444813/) que, de forma surpreendente, no início, teve entre os vizinhos latino-americanos o maior número de seguidores. Esse instrumento virtual permitiu conhecer em 2013 a psicóloga Jaqueline Cássia de Oliveira, na cidade de Belo Horizonte, Minas Gerais, que estava realizando o curso "O Romance familiar contado pelo genograma" e introduzindo a psicogenealogia. Esse foi sem dúvida um excelente momento para conhecê-la e fazer trocas sobre este tema ainda pouco explorado no Brasil.

Jaqueline, psicóloga de formação sistêmica e estudiosa da Psicogenealogia, iniciou no caminho da transgeracionalidade no final dos anos 80, após realizar um curso sobre o pensamento sistêmico com a Drª Zélia Nascimento, precursora da terapia sistêmica no Brasil.

Ao seguir no caminho da transgeracionalidade, Jaqueline buscou conhecimentos na Itália, onde se apropriou de referências essenciais e importantes a respeito do genograma, o que lhe permitiu desenvolver e oferecer em 2012 o curso citado acima, " O Romance familiar contado pelo genograma".

Continuando sua trajetória, ela participou de vivências voltadas à psicogenealogia com a Drª Maura Saita Ravizza, na Itália, e com Evelyn Bissone Jeufroy, representante de Anne Ancelin em Buenos Aires.

Foi nesse movimento de disseminar a psicogenealogia, em Belo Horizonte e Florianópolis, que tivemos a oportunidade de nos encontrar!

E assim, a psicogenealogia ganha seu espaço no Brasil!

Até 2017, no Brasil, a psicogenealogia era estudada na Interação Sistêmica em Minas Gerais, com a psicóloga Jaqueline Cássia Oliveira, e na Sinapse – Desenvolvimento Humano, em Santa Catarina (atualmente conhecida como Psicogenealogia Brasil), com a psicóloga Monica da Silva Justino, pioneiras do estudo da psicogenealogia no Brasil.

O ano de 2017 foi um marco para o desenvolvimento da psicogenealogia. Em fevereiro desse mesmo ano, foi lançado a primeira edição deste livro, *Psicogenealogia – um novo olhar na transmissão da memória familiar*, e meses depois, a psicóloga Monica da Silva Justino lançou o primeiro Curso de Formação em Psicogenealogia – Psicogenealogia Brasil, com aval da Associação Internacional de Psicogenealogia.

O crescente interesse em compreender os impactos das memórias familiares motivou o surgimento de novos grupos dispostos a trabalhar com a psicogenealogia e assim, de 2017 aos dias atuais, apareceram outros profissionais com formações diferenciadas incluindo a psicogenealogia nas suas práticas.

Os 15 anos da Psicogenealogia no Brasil foi marcado pelo Primeiro Simpósio Internacional de Psicogenealogia, que ocorreu no início de março de 2023, organizado por Monica da Silva Justino da Psicogenealogia Brasil e contou com a presença de profissionais da França, Bélgica, Argentina e Brasil: Marie-Noëlle Maston, Noëlle Lamy, Cinthia Galiza, Angélica Rodrigues Santos, Délgia e Adauto Parrela, Corrine Giely-Eloi; e de forma *online*, com Ana Rosa Chait Trachtenberg, Gastón Passeggi Aguerre, Fernanda Preto Mariano, Amandine Vilsoni e Pierre Ramaut. O sucesso do evento estimulou sua segunda edição na França, em março de 2024, marcando o intercâmbio dos estudos da psicogenealogia com seu país de origem.

CAPÍTULO 5

CONTRA PONTO

Depoimento integrante grupo 2015

Interessei-me pela Psicogenealogia quando comecei o meu curso de formação em Constelações Familiares. A vontade de querer compreender melhor as relações de família, bem como as suas origens e tudo o que é passado de geração em geração, me fez tomar conhecimento de áreas da Psicologia que se aprofundavam nesse assunto.

Nessa mesma época, uma conhecida me falou que estava participando de um grupo de estudos de Psicogenealogia com uma psicóloga maravilhosa. Ao saber que essa mesma psicóloga começaria um novo grupo de estudos na área, me inscrevi.

O que posso dizer sobre essa experiência que tive até agora com a Psicogenealogia é que ela tem me feito olhar para a minha família e para a minha origem com mais atenção. E isso me faz perceber que quando olho para a minha família, olho para mim mesma. Passo a me conhecer melhor, a me compreender, a me enxergar sob novas perspectivas.

Ao mesmo tempo, os estudos nessa área complementam os meus estudos em Constelações Familiares, onde aprendemos o tempo todo sobre a importância de incluir todos aqueles que fazem parte do nosso sistema familiar. Portanto, o trabalho de (re)conhecer minha família, desde os meus antepassados, é uma forma de inclusão e, mais que isso, é uma forma de amor e gratidão por todos aqueles que vieram antes de mim. 'Vendo' eles, percebo que tiveram uma história e que, da mesma forma, eu também terei uma história – o que me faz refletir: 'o que deixarei para os que virão depois de mim?'

O fato de estudar a Psicogenealogia com a psicóloga Monica Justino tem uma vantagem a mais: ela é uma profissional extremamente competente, conhecedora profunda do assunto e que, além disso, sabe passar o seu conhecimento de forma inteligente, tranquila, amigável e paciente. Além de 'psicóloga maravilhosa', como a minha conhecida tinha dito, ela é uma excelente professora.

Rebeca, grupo 2015

Florianópolis, maio de 2016

As críticas

O rápido desenvolvimento da psicogenealogia na França suscita o descrédito e desconfiança de pesquisadores. Como várias práticas terapêuticas, a psicogenealogia pode ser utilizada por diferentes profissionais das mais variadas especialidades. Essa facilidade leva por vezes o uso "distorcido" da prática e provoca resistência em profissionais e clientes.

Em artigo apresentado por Fabre[1], "La psychogénéalogie: Aïe, mes aïeux!", do Observatoire Zéthétique de Grenoble, França, a pesquisadora questiona a eficácia e a validade do propósito da psicogenealogia. Para Géraldine Fabre, os exemplos significativos com relação a datas de nascimento, casamento, morte e outros citados no estudo da psicogenealogia podem apenas se tratar de coincidências. Segundo a autora, a correlação dessas datas não explica a relação de um fato com outro, assim, a morte de um antepassado não implica num acidente com um de seus descendentes. Um acontecimento não implica a ocorrência de outro. Além desta observação, a autora alerta que os benefícios atingidos com a terapia em psicogenealogia não permitem a validação científica.

Cabe lembrar que a própria Anne Ancelin relembra que a comprovação científica[2] da abordagem só poderá ser feita após um estudo com várias gerações, o que ainda demanda tempo. É possível verificar os acontecimentos passados, entretanto, para comprovar os que virão, ainda precisaremos de alguns anos de pesquisa.

Vale enfatizar que de forma geral existe um "tabu", uma resistência para tudo que não é científico. Observa-se os efeitos,

---

[1] FABRE, Géraldine. La psychogénéalogie: Aïe, mes aïeux! **Les dossiers de l'OZ**. Observatoire Zététique. Ano. Disponível em: <http://www.zetetique.fr/divers/Psychogenealogie%20I.pdf>. Acesso em: 28 maio 2009.

[2] SCHÜTZENBERGER, 2001.

mas procura-se acreditar em outras possibilidades, busca-se outra forma de justificar o resultado atingido. E a psicogenealogia, como qualquer outra abordagem, ainda tem suas limitações e não pode ser responsável por toda mudança da pessoa e nem solucionar todos os conflitos. Unir conhecimentos proporciona maiores oportunidades de crescimento. "O todo é maior que a soma das partes"!

CAPÍTULO 6

TIRANDO DÚVIDAS

Depoimentos

Iniciei o atelier de psicogenealogia sem saber muito o que encontrar, mas me interessou a ideia de falar de família e construir minha árvore genealógica.

A cada encontro crescia meu interesse e descobria algo novo sobre minha história familiar. Particularmente, o que mais me chamou a atenção foi o encontro a respeito dos nomes.

Minha mãe, filha do Roberto, casa-se com o Roberto e tem uma filha Roberta (eu). O significado do meu nome representa tudo o que sou e sinto o que ele carrega. Descobri que meu nome vê o lado positivo nas situações difíceis e nesse momento da minha vida vi que realmente seria preciso ter forças para enfrentar um câncer de mama.

Além do significado, observei também a repetição dele na minha família. As características que herdei do meu avô materno, gostar de música e de cantar; do meu pai, ser trabalhador.

Roberta, Atelier 2013

Florianópolis, junho 2016

Comecei a minha busca por algo sem saber ao certo do que se tratava... depois de muitos estudos e pesquisas, descobri que aquela procura e aquele método de olhar para a história e origem dos meus antepassados já existia, com o nome de Psicogenealogia.

Acessar as informações de tudo o que veio antes para que hoje eu estivesse aqui, conhecer as datas e as sincronicidades de destinos me fez compreender muito mais de minha história e deu-me ainda mais certeza de que nós somos o resultado de muitas gerações que vieram antes de nós. Encontrei muitas respostas para fatos que pareciam incompreensíveis na minha família. Compreendi crenças. Vi destinos marcados. Encontrei um lugar de pertencimento e inclusão, que me ajudaram a resgatar uma força que veio de muito longe. Ganhei raízes mais fortes quando olhei com atenção e cuidado para todos os meus antepassados.

Ana Garlet, grupo 2016

Florianópolis, maio 2016

Nas palestras sobre psicogenealogia, ou mesmo em uma conversa informal sobre o assunto, sempre surgem perguntas semelhantes a respeito desse tema. Assim, decidi colocar neste capítulo algumas das questões que aparecem, como dúvidas mais frequentes sobre a psicogenealogia.

Para que serve fazer a psicogenealogia?

Inicialmente, fazer a sua psicogenealogia é uma forma de se conhecer mais, de perceber o lugar que ocupamos realmente na árvore, permite saber mais sobre os integrantes da família, visto que é feita uma boa pesquisa sobre a história da família. Durante esse trabalho, tem-se a oportunidade de conhecer melhor nossos antepassados e outros integrantes da árvore que até então eram desconhecidos. Enxergar o contexto de vida do pai e da mãe, inicialmente como crianças e depois como adultos independentes dessa função de pai e mãe, com qualidades e defeitos como todo e qualquer ser humano.

Ao construir sua árvore genealógica você começa a se identificar com esta família e a encontrar seu lugar. Para algumas pessoas, nasce um sentimento de pertencimento que proporciona mais segurança e equilíbrio na vida pessoal. Entretanto, o foco desse trabalho é identificar no genossociograma os "nós", os conflitos, as situações repetitivas que dificultam a nossa trajetória. É resgatar na memória familiar as situações do passado para compreender o presente e redefinir o caminho.

Quanto tempo dura este trabalho?

A duração de um trabalho em psicogenealogia depende do terapeuta, do cliente e da sua história. O tempo é variável de um cliente a outro, assim como nas terapias tradicionais. Ao iniciar um trabalho de psicogenealogia é melhor ter definido o que se pretende, o que o cliente quer resolver, como por exemplo: saber por que encontra sempre o mesmo tipo de homem na vida afetiva, por que repete fracassos na vida profissional etc. Ter uma pergunta dá foco a buscar as informações, o que facilita o processo. No geral, em poucas sessões já se consegue resultado para o que se pretende compreender.

Para realizar um trabalho aprofundado é melhor contar com um ano, visto que as sessões são mensais e a pessoa necessita de tempo para fazer suas buscas e, sobretudo, integrar as informações que encontra sobre a família. Esse é um trabalho de autoconhecimento e de "reconhecimento" da família, serve para ampliar a visão que temos de cada pessoa da nossa árvore genealógica, necessita de paciência e compreensão.

Eu não sei nada sobre minha família, ainda assim é possível fazer um trabalho com a árvore? Como fazer neste caso?

Sim, é possível! Nem todos conseguem informações sobre a família, mas vale lembrar que é possível fazer buscas em cartórios, igrejas, cemitérios... nos lugares onde a família passou e tentar resgatar informações com pessoas que conviveram na mesma época, próximas dos familiares. A psicogenealogia não fica restrita aos dados concretos, e procura reconstruir a árvore conforme a percepção da pessoa, considera os sonhos, as lembranças, fotos e o "imaginário". O que importa é a forma como a pessoa vai integrar sua história, como ela vai sentir, o que vai fazer sentido para ela.

Essa dúvida é frequente, muitas pessoas queixam-se de não ter informações sobre a família, mas ao iniciar a construção da árvore as informações aparecem pouco a pouco, de forma surpreendente. Em situações desse tipo, é preciso começar e esperar a contribuição do universo!

E quando a família não quer repassar as informações?

Normalmente, quando a família não deseja partilhar as informações é sinal que existe algo a ser escondido e quase sempre a informação é "não sabemos nada, não temos nada a dizer, não me lembro de nada!".

Esse é um dado a ser considerado – não repassar informação por quê? O que a família tem a esconder? Mágoa, ressentimento, situações proibidas – divisões de herança duvidosas, mortes escondidas, situações vergonhosas – abuso, roubos, alcoolismo... Quem está sendo protegido?

O caminho pode ser um pouco mais trabalhoso, mas é possível conseguir informações com amigos próximos e, como na situação anterior, nos registros de cartório, igreja...

No caso de filho adotivo, como é feita a árvore?

Essa é uma pergunta que sempre aparece nos encontros a respeito da psicogenealogia. Em casos de adoção é válido construir a árvore da família de adoção, considerar as expectativas, as projeções que existiam antes do filho adotivo chegar. Como estava a família naquele período, como chegaram à decisão da adoção? Estão repetindo alguma história da árvore? Que posição essa criança ocupa na família?

Quando a pessoa tem informações sobre a família biológica é interessante fazer também essa árvore. Deixar "registrado" a sua história e o que ficou na memória.

Nos casos de adoção é importante considerar que a criança adotiva vai viver em uma família com características próprias, com histórias e crenças distintas de qualquer outra família. Os filhos recebem a influência da cultura na qual a família vive, bem como tudo o que foi significativo para aquela família, tudo o que ficou armazenado na memória da família de adoção.

Como se dá o processo de cura? Quando sabemos que estamos curados?

Essa é uma pergunta que inquieta quase todos os participantes nas palestras. É possível ficar curado fazendo a psicogenealogia?

Bom, a primeira coisa que devemos ter em mente tem relação com a própria cura – o que é a cura? O que é realmente estar curado? Em qualquer processo terapêutico a cura passa pelo sentimento do cliente em perceber e aceitar a sua transformação. Na psicogenealogia, as transformações acontecem à medida que a pessoa resgata, durante a construção do genossociograma, os acontecimentos que ficaram na memória familiar e que podem ter relação com suas dificuldades, suas escolhas, seus conflitos, suas repetições, ou seja, os fatos vividos pelos antepassados que podem fazer "eco" na vida da pessoa. Trazer esses conteúdos à consciência, poder compreendê-los e incorporá-los permite à pessoa se libertar das amarras e viver plenamente.

Vale lembrar que a psicogenealogia, assim como qualquer outra abordagem, tem suas limitações e não é a fórmula mágica para resolver todas as dificuldades.

As dificuldades e os problemas que temos são culpa dos nossos antepassados?

A construção do genossociograma permite identificar cada personagem da nossa árvore genealógica, conhecer a história de cada um, as dificuldades que passaram, os sonhos que não foram realizados, como eram as relações entre eles e perceber a quem estamos vinculados.

O trabalho da psicogenealogia é justamente identificar a quem estamos ligados e que tipo de vínculo formamos com a pessoa, se estamos num processo de lealdade ou não com esse antepassado e, para isso, repetimos a vida dessa pessoa, nos comportamos como ela, exercemos a mesma atividade profissional, escolhemos o mesmo tipo de parceiro, temos o mesmo hobby, fazemos isso de forma consciente ou não. Qual é a nossa ligação?

É conhecendo a nossa história familiar que temos a oportunidade de saber se formamos vínculos que contribuem para nosso crescimento e evolução ou vínculos que nos impedem de agir de forma espontânea. Logo, o que nos acontece é uma forma de rever e ressignificar as situações vividas.

Ao identificar as repetições, eu paro de repetir?

A construção da árvore genealógica é um trabalho rico de informações e nos coloca em contato com a história familiar. Nesse processo de elaboração do genossociograma temos a oportunidade de identificar a memória familiar inconsciente transmitida de uma geração a outra. Esse processo nos permite identificar as repetições e compreender o que aconteceu anteriormente para que no presente eu possa escolher de forma consciente se continuo ou não repetindo. Identificar as repetições dá a liberdade de escolher o nosso trajeto e deixar de agir como "marionetes".

A psicogenealogia é aceita pelo conselho de psicologia?

Profissionais de diferentes áreas podem fazer formação nessa abordagem e utilizar a psicogenealogia na sua prática terapêutica.

Entretanto, para quem deseja utilizar a psicogenealogia como ferramenta de trabalho, é aconselhável estudar psicologia para compreender o funcionamento do ser humano e todas as nuances que influenciam na vida de uma pessoa. É preciso investir na sua própria psicogenealogia e num trabalho terapêutico de autoconhecimento para se preparar para cuidar do outro.

O conselho de psicologia (CRP 12) informou por contato telefônico, em 26 de agosto de 2016, que não existe lista de práticas que o conselho reconhece, e também não existe conselho para outras práticas terapêuticas. Deve ser seguido o código de ética da profissão.

No Brasil, somente a psicologia foi reconhecida até o momento. Para que a prática seja reconhecida será necessário aumentar o número de profissionais a utilizá-la.

Psicogenealogia é a mesma coisa que Constelação familiar?

De forma alguma, são práticas diferentes, porém pode-se dizer complementares. A psicogenealogia, como já exposto neste livro, é uma abordagem que utiliza como ferramenta o genossociograma – construção da árvore genealógica. Ela é fundamentada na projeção, identificação e repetição, e busca na memória familiar a compreensão das dificuldades vivenciadas pela pessoa. Num trabalho de psicogenealogia podem surgir diferentes possibilidades de constelação.

A constelação familiar foi desenvolvida por Bert Hellinger e tem por propósito colocar em cena uma situação percebida como "conflituosa" para a pessoa, ou seja, os "nós" encontrados num trabalho de construção da árvore genealógica. A constelação familiar é uma forma de representação da família, das relações que existem nessa família. Numa constelação, o constelador (terapeuta) e/ou o cliente convidam outras pessoas a participarem da cena e a ficarem atentas aos sentimentos que afloram durante o processo. A constelação é uma técnica pontual utilizada como um recurso terapêutico. A psicogenealogia é um processo mais amplo e complexo, construído aos poucos com base nos relatos, pesquisas, sentimentos e ressentimentos que emergem nas buscas realizadas pelo cliente sobre as suas relações familiares.

Como costumo dizer que a psicogenealogia é toda a árvore e a constelação os "nós" que encontramos nos galhos da árvore.

REFERÊNCIAS

ABRAHAM, Nicolas; TÖRÖK, Maria. **L'écorce et le noyau**. Paris: Champ Flammarion, 1987.

ADAM, Géraldine. **À la découverte de la Psychogénéalogie** -- conséquences et effets du passé familial sur nos vies. Paris: Editions Dauphin, 2006.

CHASSÉRIAU, Nathalie. **Psychogénéalogie** – connaître ses ancêtres, se libérer de leurs problèmes. Paris: Ed. Hachette, 2006.

CORNEAU, Guy. **Père manquant, fils manqué** – de la blessure à la parole. Paris: Éditions J'ai lu, 2014.

DAILLE, Laurent. **La logique du symptôme** – décodage du stress biologique et généalogiques. Montreuil-Bonnin: Ed. Bérangel, 2006.

DE GAULEJAC, Vincent. **L'histoire en héritage**. Roman familial et trajectoire sociale. Paris: Desclée de Brouwer, 1999.

_____. **La Névrose de Classe**. Paris: Hommes et groupes, 1987.

DEL CASTILLO, Paola. **La symbolique des prénoms**. Aubagne: Ed. Quintessence, 2003.

_____. **Le grand livre de la psychogénéalogie**. Aubagne: Ed. Quintessence, 2005.

_____. **La psychogénéalogie appliquée**. Aubagne: Ed. Quintessence, 2002.

DUMAS, Didier. **L'ange et le fantôme**. Introduction à la clinique de l'impensé généalogique. Paris: Éditions de Minuit, 1985.

DUMAS, Didier. **La Bible et ses fantômes**. Paris: Desclée de Brouwer, 2002.

FABRE, Géraldine. La psychogénéalogie: Aïe, mes aïeux! **Les dossiers de l'OZ**. Observatoire Zététique. Disponível em: <http://www.zetetique.fr/divers/Psycho genealogie%201.pdf>. Acesso em: 28 maio 2009.

FERREIRA, Fernanda Pacheco; PONS, Suzana. Transferência como experiência do vivido e transmissão psíquica: a herança de Sándor Ferenczi. **Pulsional** – revista de psicanálise, p. 17-26, ano XV, n. 164, dez./2002 – ano XVI, n. 165, jan./2003. Disponível em: <http://www.editoraescuta.com.br/pulsional/164_165_02.pdf>.

FLAUMENBAUM, Danièle. **Femme désiré, femme désirante**. Paris: Ed. Payot, 2006.

FREUD, Sigmund. **Totem et Tabou** – interprétation par la psychanalyse de la vie sociale des peuples primitifs. Paris: Payot, 2005.

GENE, Ricaud-François. **Libérez-vous de votre passé** – Dénouez les zones d'ombre de votre passé. Paris: Presse du Chatelet, 2003.

HOROWITZ, Elisabeth. **La psychogénéalogie** – explorer son passé familial pour mieux se connaître. Bruxelles: Ed. Ixelles, 2012.

HOROWITZ, Elisabeth; REYNAUD, Pascale. **Se libérer du destin familial** – comment déprogrammer son destin par la psychogénéalogie. Paris: Ed. Devry, 2010.

JODOROWSKY, A.; COSTA, M. **Métagénéalogie** – La famille, un trésor et un piège. Paris: Albin Michel, 2011.

MAILLARD, Catherine; VAN EERSEL, Patrice. **J'ai mal à mês ancêtres** – La psychogénéalogie aujourd'hui. Paris: Ed. Albin Michel, 2002.

MASTON-LERAT, Marie-Noëlle. **Psychogénéalogie rélation à l'argent et réussite.** Aubagne: Ed. Quintessence, 2006.

_____. **Les fondations de l'être** – Conception, naissance, première année: le projet-sens, une période decisive pour la vie. Aubagne: Ed. Quintessence, 2008.

NEUBURGER, Robert. **Les rituels familiaux**: essais de systèmique appliquée. Paris: Petite Bibliothèque Payot, 2006.

_____. **Les familles qui ont la tête à l'envers**. Paris: Ed. Odile Jacob, 2005.

ODOUL, Michel. **Dis-moi où tu as mal je te dirai pourquoi.** Paris: Ed. Albin Michel, 2002

RIALLAND, Chantal. **Cette famille qui vit em nous.** Paris: Editions Robert Lafont, 1994.

_____. **Faire de sa psychogénéalogie une chance** – Donner du sens à son histoire pour devenir soi-même. Paris: Editions Robert Lafont, Marabout, 2011.

SCHÜTZENBERGER, Anne Ancelin. **Aïe, mês aïeux!** Paris: Desclée de Brouwer, La Méridienne, 2001.

_____. **Exercices pratiques de psychogénéalogie.** Paris: Ed. Payot, 2011.

SCHÜTZENBERGER, Anne Ancelin; DEVROED, Ghislain. **Ces enfants malades de leurs parents**. Paris: Ed. Payot & Rivages, 2005.

SCHÜTZENBERGER, Anne Ancelin; JEUFROY, Evelyne Bissone. **Sortir˙du deuil** – surmonter son chagrin et réapprendre à vivre. Paris: Ed. Payot, 2005.

SELLAM, Salomon. **Le Syndrôme du Gisant** – um subtil enfant de remplacement. Paris: Éditions Bérangel, 2007.

THOMAS, Marie-Geneviève. **Psychogénéalogie** – l'héritage invisible. Saint-Julien-en-Genevois: Éditions Jouvence, 2014.

TISSERON, Serge. **Les secrets de famille mode d'emploie.** Paris: Ed. Marabout, 1996.

ULIVUCCI, Christine. **Psychogénéalogie des lieux de vie** – ces lieux qui nous habitant. Paris: Éditions Payot & Rivages – Petite Bibliothèque Payot, 2010.

Sites consultados:

<http://www.zetetique.fr/>.

<http://www.vincentdegaulejac.com/>.

<http://www.nosorigines.qc.ca/genealogie_psychologie.aspx>.

<http://www.chantalrialland.com/>.

<http://www2.hellinger.com/index.php?id=162>.

<http://www.terapiadecaminhos.com.br/constelo3-08.htm>.

<http://www.editoraescuta.com.br/pulsional/164_165_02.pdf>.

<http://www.jardindidees.org/>.

<http://www.cles.com/enquetes/article/fantomes-et-anges-au-pays-des-ancetres>.

<http://www.geneasens.com>.

<http://www.psychologies.com/Bien-etre/Prevention/Hygiene-de-vie/Articles-et-Dossiers/Corps-esprit-les-etonnantes-interactions-entre-vos-pensees-et-votre-sante/Didier-Dumas-psychanalyste-Nous-avons-quatre-corps>.